Leer jezelf SNEL...

Windows 8.1

Leer jezelf SNEL...

Windows 8.1

Bob van Duuren

VAN
DUUREN
INFORMATICA

Culemborg

ISBN: 978-90-5940-663-6

NUR: 985

Trefw.: Windows 8, besturingsprogramma

Omslag: Artifex Graphics, Roosendaal

Vormgeving: Saenvisie Text & Design, Tweede Exloërmond

Opmaak: Van Duuren Media, Culemborg

Druk: Indice S.L., Barcelona (E)

Eerste druk: oktober 2013

Dit boek is gezet met Corel VENTURA™ 10.

Dit boek is gedrukt op een papiersoort die niet met chloorhoudende chemicaliën is gebleekt. Hierdoor is de productie van dit boek minder belastend voor het milieu.

■ Registreer uw boek!

Van Duuren Media biedt haar lezers een unieke service. Op de vernieuwde website **www.vanduurenmedia.nl** kunt u dit boek kosteloos registreren. Na registratie:

- ontvangt u regelmatig onze nieuwsbrief/nieuwsflits met relevante informatie op uw interessegebied, informatie over downloads, kortingsacties, (auteurs)presentaties, nieuwe uitgaven en meer;

- krijgt u een maand lang gratis toegang tot de elektronische versie van dit boek op Yindo;

- maakt u vier keer per jaar kans op een gratis boekenpakket.

Om te registreren:

1 Ga naar **www.vanduurenmedia.nl**.

2 Klik op **Registreer!**

Registratiecode van deze titel: **LJS-3349-2**

■ Sociale media

Van Duuren Media biedt haar lezers aanvullende service en fora via verschillende socialemediakanalen. U vindt ons op Twitter, Facebook, LinkedIn en Diigo:

 Op Twitter: volg ons via **@VanDuurenMedia**

 Op Facebook: **www.facebook.com/vanduurenmedia**

 Op LinkedIn: **www.linkedin.com/company/van-duuren-media**

 Op Diigo: **groups.diigo.com/group/van-duuren-media**

Yindo

Ontdek de voordelen van digitaal lezen op Yindo

Op Yindo vindt u digitale boeken van verschillende uitgeverijen, waaronder Van Duuren Media; deze zijn tegen betaling in te zien.

Enkele voordelen van Yindo:

- u kunt u boeken permanent of tijdelijk aanschaffen
- met de zoekfunctie doorzoekt u een boek op onderwerp of trefwoord
- u leest de boeken op uw computer – geen e-reader vereist
- het aanbod omvat leverbare en niet meer leverbare boeken

Kijk voor meer informatie op **www.vanduurenmedia.nl/yindo**

Inhoud

■ 6 Het uiterlijk aanpassen 129

Hoofdstuk 1

Welkom bij Windows 8.1

In dit hoofdstuk maakt u kennis met Windows 8.1. U leert wat u ermee kunt, welke edities beschikbaar zijn, wat de belangrijkste verbeteringen ten opzichte van eerdere versies zijn en we staan kort stil bij de eisen waaraan uw computer moet voldoen om Windows 8.1 te kunnen gebruiken.

Wat is Windows 8.1?

Windows 8.1 is de opvolger van Windows 7 en 8, een van de meest gebruikte besturingssystemen ter wereld. Een besturingssysteem is een basisprogramma dat op de computer of tablet wordt geplaatst, zodat u met het apparaat kunt werken. Andere besturingssystemen zijn bijvoorbeeld Linux, Mac OS X en Android. Windows draait echter op het merendeel van de (thuis)computers en Windows 8.1 is de meest recente, in het najaar van 2013 uitgekomen versie daarvan.

Voor computers en tablets

Met de introductie van de iPad door Apple is de markt voor computers uitgebreid met een type apparaat dat de wereld stormenderhand heeft veroverd: de tablet. Windows 8.1 is speciaal ontworpen om ook op tablets gebruikt te kunnen worden. Of, zo u wilt, op netbooks, notebooks en desktops met een aanraakinterface (een zogeheten *touch device*). In dit boek staan we dus ook stil bij de specifieke eigenschappen voor dit soort aanraakgevoelige apparaten, maar de speciale, alleen voor tablets bedoelde versie van Windows 8.1, Windows RT geheten, blijft buiten beschouwing – in dit boek komt de volledige Windows 8.1 aan de orde, die het oude, vertrouwde bureaublad bevat en nog steeds normaal met muis en toetsenbord kan worden bediend. Dat laatste geldt overigens

ook voor de RT-tablets, als daar via de USB-poort een muis en/of toetsenbord aan wordt gekoppeld.

■ **Afbeelding 1.1**
Windows 8.1 kent een volledig nieuw startscherm, maar bevat ook het vertrouwde bureaublad.

 ## Wat doet een besturingssysteem?

Een besturingssysteem maakt het mogelijk dat u de computer of tablet
kunt bedienen en dat u er *toepassingen* of *programma's* (tegenwoordig
doorgaans *apps* genoemd) op kunt uitvoeren. Toepassingen zijn bijvoorbeeld een tekstverwerker en een fotobeheerprogramma. Windows
8.1 wordt geleverd met veel basisfunctionaliteit die u bovendien eenvoudig kunt uitbreiden, zoals u in de loop van dit boek zult merken.

Grof gesteld valt de functie van een besturingssysteem in de volgende
twee hoofdtaken uiteen:

■ Het werken met documenten.

■ Het starten en onderhouden van toepassingen.

Werken met documenten

Windows 8.1 biedt vele mogelijkheden om met documenten te werken (denk aan het geven van een goede naam aan een document, het kunnen terugvinden ervan of het toekennen van een waardering aan een document), vandaar dat we daar in dit boek uitgebreid bij stilstaan. Wanneer we het hebben over documenten, kunt u denken aan:

- foto's die u met een digitale camera hebt gemaakt of die u hebt gescand;

- muziek die u van cd hebt gekopieerd of van internet hebt gedownload;

- videofilms die u van internet hebt gekopieerd of met een eigen camera hebt opgenomen;

- brieven aan vrienden, relaties, familie of de Belastingdienst;

- rapporten, verslagen, opstellen, presentaties enzovoort;

- webpagina's die u hebt gelezen en hebt opgeslagen;

- e-mailberichten die u hebt ontvangen en verzonden.

Met de komst van zeer grote vaste schijven van honderden gigabytes tot meerdere terrabytes waar u miljoenen en miljoenen documenten op kunt opslaan (en kunt kwijtraken!) is het derhalve geen overbodige luxe dat Windows 8.1 voorzien is van handige hulpmiddelen om uw documentenstroom in goede banen te leiden en te ordenen.

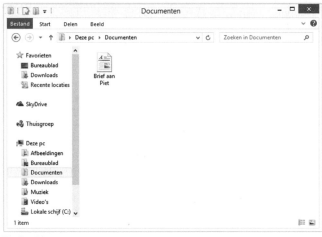

Afbeelding 1.2

Documenten zijn te bewaren, te beheren en teug te vinden!

Starten en onderhouden van toepassingen

Alhoewel Windows 8.1 behoorlijk compleet is, zult u regelmatig nieuwe programma's (of toepassingen) willen toevoegen. In jargon: u zult software willen installeren. Deze programma's koopt u in de Windows Store, de (web)winkel (bijvoorbeeld een programma voor fotobewerking zoals Paint Shop Pro Photo of Photoshop Elements) of downloadt u van internet (zoals Mozilla Firefox, een programma om op internet te surfen). Blijkt later dat een app of programma niet aan uw wensen voldoet, dan wilt u de installatie waarschijnlijk ook weer ongedaan maken. Ook dat zijn taken van Windows 8.1: het kunnen installeren en verwijderen van programma's, en uiteraard het kunnen starten ervan.

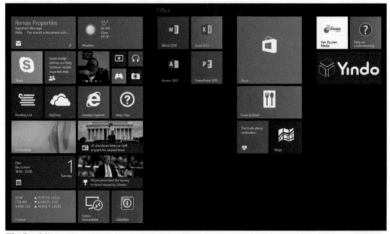

■ **Afbeelding 1.3**
Het startscherm met apps en programma's.

 ## App of programma?

Tot niet zo lang geleden was de gangbare naam voor software ook wel programma's. Met de komst van de iPad, die de term App Store introduceerde, is *app* een ingeburgerde term geworden (kort voor *application*). In Windows wordt de term app voornamelijk gebruikt voor programma's die via de Windows Store worden gedownload, en een overzichtelijke en vaak eenduidige schermindeling kennen (daar wordt later in dit boek uitgebreid op ingegaan). De term programma wordt voornamelijk gebruikt voor software die in de bureaubladomgeving werkt. Microsoft Word is dus een programma, Buienradar is een app.

■ Verschillende uitvoeringen

Windows 8.1 wordt in verschillende uitvoeringen geleverd. Dit boekje gaat uit van de basisversie, die gewoon Windows 8.1 heet. Andere versies zijn:

- ■ **Windows 8.1 Pro** Dit is een zakelijke editie van Windows 8.1 die bedoeld is voor zowel kleine als grote bedrijven.

- ■ **Windows 8.1 Enterprise** Deze versie voor grootzakelijke omgevingen bevat extra functionaliteit voor eenvoudige inzet door systeembeheerders.

- ■ **Windows RT** Deze 'uitgeklede' versie van Windows 8.1 is speciaal bedoeld voor tablets met een ARM-processor en zal voorgeïnstalleerd beschikbaar zijn. Deze versie is niet in staat bestaande Windows-programma's te draaien.

De kans is zeer groot dat u over de basisversie beschikt. Is uw computer voorzien van Windows 8.1 Pro, dan hoeft u niet naar de winkel terug te rennen om dit boek in te ruilen, want alles wat u in dit boek leest is ook op de Pro-editie van toepassing. Gebruikt u Windows 8.1 Enterprise, dan zult u merken dat nagenoeg alles wat u in dit boek leest ook voor u van toepassing is.

■ Indeling van dit boek

Nu we het er toch over hebben: wat kunt u in dit boek verwachten? We beginnen simpel en maken eerst kennis met Windows, waarna de basishandelingen (programma's installeren; werken met mappen, bibliotheken en documenten) worden besproken. Later kijken we naar de bij Windows 8.1 geleverde apps en passen we Windows 8.1 aan onze eigen wensen aan. Daarna wordt het wat 'steviger' en gaan we onder andere aan de slag met internet. De tabel hierna geeft het complete overzicht.

Hoofdstuk	Behandelt
Hoofdstuk 2	De gebruikersomgeving: u maakt kennis met de interface (gebruikersomgeving) van Windows 8.1 en leert waar uw documenten worden opgeslagen.
Hoofdstuk 3	Programma's beheren: al vrij snel in het boek laten we u zien hoe u zelf programma's en apps installeert en uitvoert.
Hoofdstuk 4	Bestanden, bibliotheken en mappen: dit zijn – naast programma's – de belangrijkste componenten van Windows 8.1. In hoofdstuk 4 komen ze uitgebreid aan de orde.
Hoofdstuk 5	Basisvoorzieningen: in dit hoofdstuk maakt u kennis met enkele basisapps in Windows 8.1.

Hoofdstuk 6	Het uiterlijk aanpassen: zo veel mensen, zo veel wensen. Vandaar dat u Windows 8.1 in zeer hoge mate kunt aanpassen aan uw persoonlijke voorkeur. In dit hoofdstuk leest u wat de mogelijkheden zijn.
Hoofdstuk 7	De computer delen: met Windows 8.1 kunt u de computer prima met anderen delen. U leest hier over de thuisgroep, gebruikersaccounts, openbare mappen en Family Safety (voorheen ouderlijk toezicht).
Hoofdstuk 8	Windows 8.1 en internet: dit hoofdstuk helpt u bij het opzetten van een internetverbinding en het werken met Internet Explorer.
Hoofdstuk 9	Beveiliging en updates: het beveiligen van uw computer is een belangrijke stap in de strijd tegen aanvallen, virussen en spyware. Dit hoofdstuk geeft een overzicht en behandelt tevens Windows Update.
Hoofdstuk 10	Multimedia: Windows 8.1 beschikt over Windows Media Player waarmee u films en muziek afspeelt. Dit hoofdstuk laat zien wat de mogelijkheden zijn.

▓ Het startscherm

Mocht u al ervaring hebben met Windows 7 of een eerdere versie van Windows, dan zal een eerste blik op Windows 8.1 u ongetwijfeld met de ogen doen knipperen. Geen vertrouwd bureaublad en geen menu Start; slechts een scherm met vierkantjes en rechthoekjes is wat u tot uw beschikking lijkt te hebben.

■ **Afbeelding 1.4**
Welkom bij Windows 8.1.

Om het uiterlijk van Windows 8.1 snel in de vingers te krijgen, kunt u zich het best realiseren dat het nieuwe startscherm het oude menu Start *vervangt*. Vanuit het nieuwe startscherm zoekt u bestanden, start u apps of programma's en wijzigt u instellingen. Uiteraard kunt u de indeling van het startscherm aanpassen, en kunt u bepaalde apps en programma's eenvoudig zichtbaar maken, onzichtbaar maken en groeperen. En het starten van een toepassing is helemaal eenvoudig: tik of klik erop.

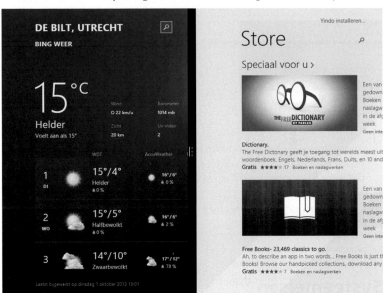

■ **Afbeelding 1.5**
Twee apps op het scherm.

Met andere woorden: tikken of klikken op een vlakje (tegel) start een toepassing. De tegel met de vinger ingedrukt houden selecteert hem (met de muis: klik met de rechtermuisknop). Zodra u dat doet, ziet u een andere nieuwigheid van Windows 8.1: de appbalk, wellicht nog het best te vergelijken met het rechtermuisknopmenu. De balk is in veel apps ook te openen door vanuit de onderkant van het scherm met de vinger naar boven te vegen.

■ **Afbeelding 1.6**
De appbalk.

■ Toegang tot het bureaublad

Bent u een ervaren Windows-gebruiker en werkt u graag vanuit de bureaubladomgeving, dan is er geen man overboord. De tegel Bureaublad brengt u precies waar u wilt zijn: op het bureaublad. Uiteraard biedt Windows daar ook een sneltoetscombinatie voor: druk op de toets met het Windows-logo en druk tegelijkertijd op de D. In dit boek schrijven we zo'n toetscombinatie als Win+D.

■ **Afbeelding 1.7**
De tegel Bureaublad.

Terugkeren naar het startscherm is zo mogelijk nog eenvoudiger: druk op de toets met het Windows-logo. Gebruikt u liever de muis, beweeg deze dan naar linksonder en klik op het Windows-pictogram.

■ **Afbeelding 1.8**
Het pictogram van het startscherm.

■ Systeemeisen

Alhoewel er bij het verschijnen van een nieuw besturingssysteem al snel wordt verwacht dat er massaal nieuwe computers gekocht moeten worden, valt dat bij Windows 8.1 alleszins mee. Uiteraard zult u – om het meeste uit Windows 8.1 te kunnen halen – wel wat nieuwe zaken willen of moeten aanschaffen, maar is uw bestaande computer niet meer dan een paar jaar oud, dan is de kans groot dat u Windows 8.1 zonder problemen kunt draaien. Gebruikt u momenteel Windows Vista, Windows 7 of Windows 8, dan zal de overstap naar Windows 8.1 hoogstwaarschijnlijk weinig problemen met zich meebrengen. Let wel: we spreken dan over een machine die u *minimaal* nodig hebt. Zo'n computer heeft de volgende specificaties:

■ een recente processor (minimaal 1 GHz, 32- of 64-bits)

■ 1 GB systeemgeheugen voor de 32-bitsvers, 2 GB voor de 64-bits-versie

■ een grafische processor die geschikt is voor DirectX 9 of hoger

■ een vaste schijf met 16 GB vrije ruimte (32-bits) of 20 GB vrije ruimte
64-bits)

Wilt u het meeste uit Windows 8.1 halen, dan zijn de systeemeisen uiteraard wat zwaarder.

Geheugenlimiet

Let op: De 32-bitsversie van Windows 8.1 kan maximaal 3 GB geheugen adresseren. Heeft uw computer 4 GB geheugen of meer, dan zal
een deel dus ongebruikt blijven. U kunt dit voorkomen door de 64-
bitsverse van Windows 8.1 te installeren.

■ Een woordje over Help

Hopelijk hebt u – wanneer u dit boekje uit hebt – niet al te veel vragen
meer over het gebruik van Windows 8.1. Toch is het goed om te weten
dat hulp altijd snel bereikbaar is; zowel Windows 8.1 als de meeste
programma's bieden een hulpfunctie (in Windows nog altijd 'Help'
genaamd, overigens) onder de toets F1, die u linksboven op het toetsenbord vindt. Deze hulpfunctie is contextgevoelig, wat inhoudt dat de hulp
die verschijnt afhankelijk is van waar u mee bezig bent. Er is echter ook
een algemeen hulpsysteem voor Windows 8.1, dat u opent door – in het
startscherm – het woord Help te typen. Windows opent direct het zoek-
venster, en selecteert het onderdeel **Help en ondersteuning** voor u. Een
klik of tik doet de rest.

Snel toegang tot Help

Vooruitlopend op het volgende hoofdstuk hebben we alvast een tip:
klik met de rechtermuisknop op het gevonden onderdeel **Help en
ondersteuning** om de appbalk te openen. Selecteer de opdracht **Vastmaken aan Startscherm** om een rechtstreekse koppeling naar de hel-
pinformatie op het startscherm te maken (u maakt hiermee een snelkoppeling). Opent u nu het startscherm weer (Windows-toets), dan ziet
u de tegel **Help en ondersteuning** geheel rechts verschijnen (schuiven
of naar links vegen kan noodzakelijk zijn).

■ **Afbeelding 1.9**
Het maken van een nieuwe tegel is zeer eenvoudig.

Opties voor hulp

Vanuit het hoofdvenster van Help en ondersteuning hebt u verschillende opties om hulp te verkrijgen. Zo hebt u via de startpagina snel toegang tot de volgende handleidingen:

- Aan de slag
- Internet en netwerken
- Beveiliging, privacy en accounts

Klik op de gewenste tekst om de informatie zichtbaar te maken.

Help is dynamisch

Microsoft past de informatie in het helpsysteem regelmatig aan. Het bovenstaande overzicht kan er in uw versie derhalve iets anders uit- zien.

Meer opties

Wanneer u de gewenste informatie niet direct kunt terugvinden, kunt u uiteraard ook gebruikmaken van de zoekmogelijkheden die Windows 8.1 biedt. Wilt u bijvoorbeeld meer weten over het installeren van een prin- ter, dan gaat u als volgt te werk:

1 Klik in het venster Help en ondersteuning in het tekstvak bovenin (naast het vergrootglas) en typ uw zoekterm; in dit geval typt u `prin-ter`.

2 Druk op Enter op het toetsenbord of klik op het vergrootglas.

3 Er verschijnt een lijst met onderwerpen. Klik op het gewenste onder- werp om de informatie daarover te lezen.

Nog meer informatie

Let erop dat sommige informatie 'verkort' wordt weergegeven; de tekst is dan afwijkend gekleurd; bovendien verschijnt er een lijn onder de tekst als u de aanwijzer over de tekst beweegt. Klik op dat moment op de gewenste tekst om de verborgen informatie weer te geven.

Naast de mogelijkheid om verborgen informatie weer te geven, bieden hulppagina's vaak de mogelijkheid om andere pagina's weer te geven. Dit is vergelijkbaar met koppelingen zoals u die ongetwijfeld van internetpagina's kent. Klik op een onderstreepte tekst om een andere pagina weer te geven, op dezelfde wijze als u een andere webpagina in uw webbrowser opent. Op dat moment worden ook de knoppen **Vorige** en **Volgende** actief, zodat u terug (en weer vooruit) kunt bladeren.

Afbeelding 1.10
De bladerknoppen.

Tot slot van deze paragraaf melden we u nog hoe u informatie uit het hulpsysteem kunt afdrukken. Wanneer u de gewenste informatie hebt gevonden doet u het volgende:

1 Klik op het pictogram **Afdrukken** boven in het venster Help en ondersteuning.

2 Klik in het venster Afdrukken dat verschijnt op **Afdrukken**.

Hoofdstuk 2

De gebruikers-omgeving

Werken met de computer en Windows 8.1 doet u via de zogeheten gebruikersomgeving, het gedeelte dat u op uw (computer)beeldscherm ziet. Via de gebruikersomgeving start u programma's, zoekt en bewerkt u documenten, kijkt u film of video en luistert u naar muziek. Vandaar dat het handig is om een beetje de weg te weten. Dit hoofdstuk maakt daar een begin mee.

Het startscherm

Zoals in het vorige hoofdstuk is gemeld, ziet Windows 8.1 er compleet anders uit dan de versies voor Windows 8. Dat heeft te maken met het feit dat het oude menu Start is vervangen door een compleet nieuw startscherm, van waaruit u toepassingen start, bestanden zoekt, foto's bekijkt, muziek luistert, e-mail leest enzovoort. Vandaar dat dit hoofdstuk grofweg in twee delen uiteen valt. In het eerste deel nemen we het startscherm onder de loep, en staan we ook stil bij de bediening middels een aanraakscherm.

Heel veel tegeltjes

Het eerste wat opvalt, is dat het startscherm in Windows een verzameling tegeltjes bevat. Deze tegels kunnen vierkant of langwerpig zijn, en statisch of dynamisch (in dat laatste geval wordt gesproken van een *live-tegel* en kan er wisselende informatie in de tegel verschijnen, zoals de inhoud van een laatste Facebook-update). Waarschijnlijk zijn niet alle tegels zichtbaar; om het overige aanbod te zien gebruikt u een van de volgende technieken:

■ Aanraakscherm: veeg met een vinger naar links over het scherm; de tegeltjes ter rechterzijde worden zichtbaar.

■ Toetsenbord: gebruik de pijltoetsen, of de toetsen Home, End, PgUp en PgDn om door de verzameling tegels te navigeren.

■ Muis: beweeg de muis naar de rechterkant van het scherm – op een gegeven moment verschuift de inhoud vanzelf (muisknop indrukken is niet nodig). Of beweeg de muis naar onderen en versleep de schuifbalk die verschijnt: plaats de muisaanwijzer op het grijze deel, druk de linkermuisknop in en sleep de muis naar rechts.

■ **Afbeelding 2.1**
Schuiven naar andere tegels op het scherm.

In- en uitzoomen

Staan er veel tegels op het startscherm, dan biedt Windows de mogelijkheid om uit te zoomen. Dit wordt semantisch zoomen genoemd, en dit is een techniek die ook in veel apps wordt gebruikt. Semantisch uitzoomen kan op verschillende manieren:

■ Aanraakscherm: plaats twee vingers op het scherm en beweeg die naar elkaar toe (knijpbeweging).

■ Toetsenbord: houd de Ctrl-toets ingedrukt en druk op de mintoets.

■ Muis: beweeg de muiswijzer naar rechtsonder en klik op het pictogram met het minteken, rechts van de schuifbalk.

De tegeltjes worden verkleind, zodat u een uitgebreider overzicht krijgt.

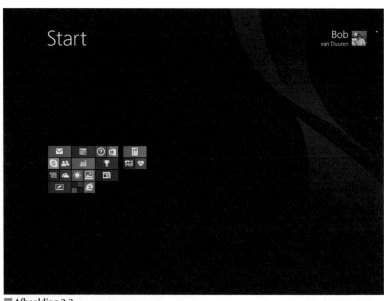

■ **Afbeelding 2.2**
Uitzoomen in het startscherm.

Uiteraard kan er ook weer worden ingezoomd:

■ Aanraakscherm: plaats twee vingers op het scherm en beweeg ze van elkaar af.

■ Toetsenbord: houd de Ctrl-toets ingedrukt en druk op de plustoets.

■ Muis: klik ergens op een lege plek in het scherm.

Nog meer tegels

De verzameling tegels die u ziet, geeft niet álle beschikbare apps en toe-passingen weer. In Windows 8 was nog de knop **Alle apps** in de appbalk beschikbaar, maar deze is in Windows 8.1 vervangen door een pijltje. Voer een van de volgende handelingen uit:

■ Aanraakscherm: veeg van beneden naar boven om het scherm met alle apps zichtbaar te maken.

■ Muis: Klik op het omlaag wijzende pijltje dat links onder de tegels verschijnt.

Afbeelding 2.3
Alle apps weergeven.

U maakt het reguliere startscherm weer zichtbaar door op de Windows-toets te drukken, over het scherm van boven naar beneden te vegen of door nogmaals op het pijltje te klikken (dit wijst nu omhoog).

Het scherm met alle apps toont u ook de apps en programma's die niet expliciet aan het startscherm zijn toegevoegd. U kunt dat zo laten, maar u kunt ook van de gelegenheid gebruikmaken om toepassingen die u zelf graag snel onder handbereik hebt, aan het startscherm vast te maken. Dat gaat als volgt:

1 Zorg dat de app die u aan het reguliere startscherm wilt vastmaken zichtbaar is; gebruik hiervoor de technieken die zojuist zijn behandeld.

2 Selecteer de gewenste app door een van de volgende handelingen uit te voeren:

■ Aanraakscherm: druk met een vinger op de tegel van de app en houd deze ingedrukt totdat de appbalk verschijnt.

■ Muis: klik er met de rechtermuisknop op.

■ Toetsenbord: gebruik de pijltoetsen om de gewenste app te selecteren en druk op de spatiebalk.

3 Selecteer de opdracht **Vastmaken aan Start**, op een van de volgende
manieren:

- Aanraakscherm: tik op de opdracht **Vastmaken aan Start**.

- Muis: klik op de opdracht **Vastmaken aan Start**.

- Toetsenbord: druk op Tab om de opdrachten in de appbalk te
  selecteren en gebruik de pijltoetsen om de opdracht **Vastmaken
  aan Start** te selecteren. Druk vervolgens op de spatiebalk of op
  Enter.

■ **Afbeelding 2.4**
Een tegel vastmaken aan het startscherm.

Zoals u ziet wordt een tegel van de door u geselecteerde app aan het
startscherm toegevoegd (deze staat helemaal rechts, dus druk eventueel
op End om daar snel naartoe te navigeren).

 ### De Windows-toets is handig!

Gebruik de Windows-toets om snel het startscherm te activeren. Druk
nogmaals op de Windows-toets om de laatst geactiveerde app
opnieuw te activeren. Hebt u een tablet of aanraakscherm? Veeg dan
vanaf de rechterkant van het scherm om de charmbalk te openen; het
pictogram Start heeft dezelfde functie als de Windows-toets.

■ **Afbeelding 2.5**

De charmbalk aan de rechterkant is altijd beschikbaar in Windows 8.1. Sleep vanaf de rechterrand van het scherm of deze te openen, of druk op Win+C. Met de muis kan het ook: beweeg die naar de rechteronderhoek van het scherm.

 Meerdere tegels tegelijk selecteren

Nadat u één tegel hebt geselecteerd, kunt u op meer tegels tikken of klikken om de selectie uit te breiden. Doe dat bijvoorbeeld om snel een aantal tegels tegelijk aan het startscherm toe te voegen.

 Nieuwe apps

U herkent nieuw toegevoegde apps snel aan de tekst NIEUW die onder de naam wordt geplaatst.

■ **Afbeelding 2.6**

Deze apps zijn nieuw toegevoegd.

■ Het startscherm inrichten

Zoals u in de vorige paragraaf hebt geleerd, is het niet erg ingewikkeld om tegels aan het startscherm toe te voegen. Echter, de nieuwe tegels worden ongetwijfeld niet geplaatst op de locatie die u direct handig vindt. Vandaar dat Windows 8.1 u de mogelijkheid biedt om de positie van de tegels aan te passen. Verder kunt u tegels groeperen en naar keuze groot of klein weergeven.

Tegels verplaatsen

De meest voor de hand liggende handeling is het verplaatsen van een tegel. Stel dat de tegel Help en ondersteuning, die eerder aan het start-scherm is toegevoegd, nog steeds helemaal rechts staat, en u wilt die graag op een meer prominente plek plaatsen. Het volstaat dan om de tegel op te pakken en elders neer te zetten. Dat gaat als volgt:

■ Muis: zet de muiswijzer op de gewenste tegel, druk de linkermuis-knop in en houd deze ingedrukt, en beweeg de muis naar de gewen-ste locatie. U ziet op het scherm dat de tegels plaats maken voor de tegel die u aan het verslepen bent. Laat de muisknop los zodra u de gewenste locatie hebt bereikt.

■ Aanraakscherm: plaats uw vinger op de gewenste tegel en houd deze ingedrukt; de tegel wordt geselecteerd en u kunt nu alle kanten op slepen. U ziet op het scherm dat de tegels plaats maken voor de tegel die u aan het verslepen bent. Laat de tegel los zodra u de gewenste locatie hebt bereikt.

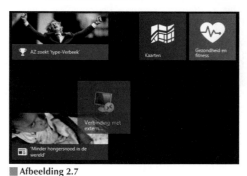

■ **Afbeelding 2.7**
Tegels verplaatsen is niet erg ingewikkeld.

Tegels aanpassen

Het zal u ongetwijfeld zijn opgevallen dat sommige tegels meer ruimte innemen dan andere. Wanneer u het startscherm naar eigen wens wilt inrichten, dan kan het zijn dat u het formaat van sommige tegels wilt aanpassen. Daarnaast ziet u dat sommige tegels 'live' informatie doorgeven; dit worden dan ook live-tegels genoemd. Voor deze tegels kunt u aangeven of de live-informatie ook daadwerkelijk wordt getoond.

Om het formaat van een tegel te wijzigen, gaat u als volgt te werk:

1 Selecteer de tegel met muis (rechtsklikken), vinger (indrukken) of toetsenbord (pijltoetsen en spatiebalk). De appbalk verschijnt.

2 Selecteer een van de volgende opdrachten (indien beschikbaar):

■ **Formaat**   Deze opdracht toont een menu met de opties **Groot**, **Breed**, **Normaal** en **Klein**. In Windows 8 had u slechts de keuze uit twee formaten, in Windows 8.1 is dit aantal uitgebreid naar vier.

■ **Live-tegel uitschakelen**   Deze opdracht voorkomt dat de tegel live wordt aangepast.

■ **Live-tegel inschakelen**   Deze opdracht schakelt de live-informatie op de tegel in.

■ **Afbeelding 2.8**
Diverse formaten tegels.

U kunt deze handelingen altijd weer ongedaan maken door de overeenkomstige 'tegenopdracht' te selecteren.

Zodra de appbalk verschijnt ziet u overigens ook nog een of meer andere opdrachten. Tot de mogelijke opdrachten behoren:

■ **Losmaken van Start**   Deze opdracht verwijdert een snelkoppeling (tegel) weer van het startscherm. Via de optie **Alle apps** kunt u de snelkoppeling altijd weer terugzetten.

▓ **Installatie ongedaan maken**   Deze opdracht verwijdert een app van de vaste schijf op uw computer, zodat deze niet meer is te gebruiken. U zult de app dan opnieuw moeten aanschaffen en/of installeren. U kunt de installatie van een app ongedaan maken indien u de app bij nader inzien toch nooit gebruikt.

▓ **Aan taakbalk vastmaken**   Deze opdracht plaatst een snelkoppeling in de taakbalk van het bureaublad, waarover later in dit hoofdstuk meer is te lezen.

▓ **Nieuw venster openen**   Opent een nieuw venster in de toepassing. Hebt u bijvoorbeeld Microsoft Word geopend, dan selecteert klikken op de tegel de toepassing met het document waar u momenteel aan werkt. Klikken op de opdracht **Nieuw venster openen** heeft tot gevolg dat Word vanuit de beginsituatie wordt gestart.

▓ **Bestandslocatie openen**   Deze opdracht opent het (reguliere) Windows-venster waarin de snelkoppeling achter deze tegel zich bevindt.

▓ **Uitvoeren als Administrator**   Deze opdracht voert de geselecteerde app uit met beheerdersrechten.

Tegels groeperen

Bent u een ervaren Windows-gebruiker, dan zal het zeker even wennen zijn om uw weg in het – ongetwijfeld snel vollopende – startscherm te vinden. Met de hiervoor beschreven handelingen bent u in ieder geval al in de gelegenheid om het startscherm in te delen en apps en programma's te starten. Vergeet niet: de Windows-toets brengt u altijd weer in de uitgangspositie.

Hebt u een groot aantal tegels op het startscherm staan, dan wilt u deze wellicht groeperen. Spelletjes bij elkaar, officetoepassingen bij elkaar enzovoort. Gelukkig biedt Windows de mogelijkheid om dit eenvoudig te doen. En wat helemaal handig is: u kunt gemaakte groepen eenvoudig herschikken; dat scheelt een hoop gesleep met tegels.

Om een setje tegels in een groep onder te brengen, gaat u als volgt te werk:

1 Selecteer een willekeurige tegel of open de appbalk en selecteer de opdracht **Aanpassen**.

2 Klik of tik in het vak **Naam aan groep geven** boven de gewenste tegelset en typ een naam voor de groep; bijvoorbeeld Kantoor.

3 Druk of tik op Enter.

U ziet nu de naam boven de groep verschijnen.

 Afbeelding 2.9

Een naam aan een groep tegels geven.

Tegels in een nieuwe (lege) groep plaatsen

Wanneer u tegels volgens de eerder in deze paragraaf beschreven methode verplaatst, valt het op dat tijdens het slepen soms een lichte, verticale balk op het scherm verschijnt. Laat de tegel op zo'n positie los om hem in een nieuwe groep te plaatsen.

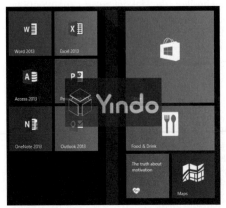

Afbeelding 2.10

Laat de tegel los op de verticale balk om een nieuwe groep te creëren.

Groepen verplaatsen

Wellicht wilt u een groep een prominentere plek op het scherm geven. Met name wanneer u meer groepen hebt gemaakt, kan dat handig zijn. Ga daartoe als volgt te werk:

1 Zoom in het startscherm uit, zoals is beschreven op pagina 14. U ziet groepjes tegels verschijnen, volgens de indeling die u zelf hebt gemaakt.

2 Verplaats de gewenste groep op een van de volgende manieren:

■ Muis: zet de muiswijzer op de gewenste groep, druk de linkermuisknop in en houd deze ingedrukt, en beweeg de muis naar de gewenste locatie. U ziet op het scherm dat de groepen plaats maken voor de groep die u aan het verslepen bent. Laat de muisknop los zodra u de gewenste locatie hebt bereikt.

■ Aanraakscherm: plaats uw vinger op de gewenste groep en versleep deze. U kunt alle kanten op slepen, en ziet op het scherm dat de groepen plaats maken voor de groep die u aan het verslepen bent. Haal uw vinger weg zodra u de gewenste locatie hebt bereikt.

■ Werken met apps

Het starten van een app is zeer eenvoudig: tik op de gewenste tegel, en de app wordt gestart. Sommige apps – zoals E-mail – vereisen extra instellingen, maar andere – zoals Kaarten en Store – weer niet.

■ **Afbeelding 2.11**
De app Yindo.

Microsoft heeft de specificaties voor apps zó opgesteld, dat ze eenduidig werken. Bijna alle apps hebben dus een appbalk die verschijnt door vanaf de onderkant van het scherm naar boven te vegen. Of door met de rechtermuisknop in de app te klikken, of op de toets voor het lokale menu te drukken. De opdrachten in de appbalk verschillen per app, en omdat apps (vaak) eenvoudige programma's zijn, is het aantal opdrachten over het algemeen overzichtelijk.

Charmbalk

Los van de appbalk, kent Windows 8.1 ook de zogeheten charmbalk. De charmbalk bevindt zich aan de rechterzijde van het scherm, en u opent deze balk door van daaruit een stukje naar links te vegen of door op Win+C te drukken. De charmbalk bevat de volgende opdrachten:

- **Zoeken** Zoekt in de app of elders in het systeem.

- **Delen** Deelt informatie uit de app, bijvoorbeeld via mail of sociale media.

- **Start** Brengt u terug naar het startscherm (of de laatst gebruikte app, als het startscherm actief is).

- **Apparaten** Geeft de informatie op aangesloten apparatuur weer, zoals een printer.

- **Instellingen** Geeft de instellingsmogelijkheden van de app weer, maar ook van uw computer. Hier vindt u ook een mogelijkheid om uw computer uit te zetten (er zijn er meer).

De zoekfunctionaliteit die de charmbalk biedt, is sinds Windows 8 enigszins gewijzigd. In feite komt de zoekfunctie nu overeen met de functie die u ook van het 'reguliere' Windows kent: uw zoekwoord wordt gezocht in het systeem, in uw documenten, in het Configuratiescherm enzovoort, maar ook op internet. Typt u bijvoorbeeld het zoekwoord `energie`, dan vindt u niet alleen Energiebeheer in het configuratiescherm, maar ook koppelingen op internet die naar energie verwijzen.

Klikken of tikken

In dit boek zullen we – omwille van de eenvoud – vanaf nu alleen over klikken spreken. We bedoelen dan echter ook tikken. Alleen als klikken en tikken verschillende effecten hebben, dan zullen we dat onderscheid specifiek maken.

Wisselen tussen apps

Ook al ziet u in beginsel maar één app tegelijk op het scherm (apps worden standaard schermvullend weergegeven, en niet in vensters), ze worden niet vanzelf afgesloten wanneer u een andere app start. Windows bewaart de geopende apps in het geheugen, zodat u ze snel kunt activeren. Hebt u ervaring met eerdere versies van Windows, dan zal het u niet verbazen dat het wisselen tussen apps op een vertrouwde manier gaat: met Alt+Tab.

Van Duuren Media - Internet Explorer

Afbeelding 2.12

Druk op Alt+Tab om tussen geopende apps te schakelen. Houd Alt ingedrukt en druk net zo vaak op Tab totdat de gewenste app is geselecteerd. Laat vervolgens de Alt-toets los.

Er is een tweede manier om tussen apps te wisselen, en die manier geeft ook eenvoudig toegang tot het startscherm: Win+Tab. Als u de Windows-toets ingedrukt houdt en vervolgens op Tab drukt, ziet u een overzicht van geopende apps links op het scherm verschijnen. Blijf op Tab drukken totdat de gewenste app is geselecteerd en laat dan de Windows-toets los. Zoals u ziet kunt u op deze manier ook het startscherm selecteren.

Uiteraard is het ook mogelijk om via het aanraakscherm tussen apps te wisselen: veeg kort vanaf de linkerkant van het scherm naar het midden. Als u dit in een vloeiende beweging doet, merkt u dat u snel en soepel tussen apps wisselt.

Met de muis

Uiteraard kunt u ook met de muis tussen apps wisselen, maar dat gaat niet erg intuïtief. Plaats de muiswijzer linksonder in het scherm en beweeg de muisaanwijzer vervolgens omhoog. Er verschijnt nu een balk met een overzicht van geopende apps; dit is dezelfde balk die verschijnt wanneer u op Win+Tab drukt. Overigens kunt u de muis ook in de linker*boven*hoek van het scherm plaatsen en deze vervolgens naar beneden bewegen.

Afbeelding 2.13
De zijbalk met geopende apps.

Apps naast elkaar

Windows 8.1 biedt de mogelijkheid om twee apps tegelijk op het scherm te tonen. Dat is enigszins rudimentair, maar wel verbeterd ten opzichte van Windows 8; het kan zeker van pas komen. Zo kunt u statusupdates volgen terwijl u op internet surft, en wanneer u een internetkoppeling per e-mail ontvangt, wordt de webbrowser automatisch apart op het scherm getoond wanneer u op deze koppeling klikt.

Wanneer twee apps worden getoond, dan kunt u de scheidingsbalk tussen de twee apps verslepen om de ene meer schermruimte te geven dan de ander. Dit werkt niet onbeperkt – op een gegeven moment verdwijnt de 'kleinste' app geheel van het scherm.

Om twee apps met de muis naast elkaar te plaatsen gaat u als volgt te werk:

1 Start een willekeurige app en zorg dat deze actief is (zichtbaar is op het scherm).

2 Plaats de muisaanwijzer aan de bovenkant van het scherm; de aanwijzer verandert in een handje. Druk de linkermuisknop in en sleep de

Afbeelding 2.14
Twee apps op het scherm.

app naar de linker- of rechterkant van het scherm; laat los als de scheidingsbalk verschijnt.

3 Klik in het lege gedeelte om het startscherm zichtbaar te maken en open een tweede app; deze verschijnt automatisch in het overgebleven deel.

Beide apps zijn nu actief en zichtbaar, en ook normaal te gebruiken. Door de scheidingsbalk te verslepen kunt u van de kleine app de de grote maken en omgekeerd. Wanneer u de scheidingsbalk te dicht naar de zijkant sleept, zal er nog maar één zichtbare app overblijven.

Tussen apps schakelen

De mogelijkheden om tussen apps te schakelen werken ook als er twee apps zichtbaar zijn. Gebruikt u het toetsenbord (Alt+Tab of Win+Tab), dan verschijnt de geselecteerde app in eerste instantie als zwevend venster in het midden. Selecteer vervolgens de schermhelft waar u de tab wilt weergeven.

Apps sluiten

Windows beheert de apps automatisch, wat inhoudt dat niet-actieve apps weinig geheugen en processorcapaciteit benutten. Bovendien kan Windows apps – indien nodig – zelfstandig afsluiten, waardoor ze uit het geheugen verdwijnen. Met andere woorden: het afsluiten van een app is niet echt nodig. Wilt u dat toch doen, dan kan dat uiteraard. U sluit een app als volgt:

■ Toetsenbord: druk op Alt+F4. Let op, is het bureaublad zichtbaar, dan sluit u hiermee de computer af (u krijgt eerst een waarschuwing).

■ Muis: Plaats de muisaanwijzer aan de bovenkant van het scherm; de aanwijzer verandert in een handje. Druk de muisknop in en sleep het venster naar de onderkant van het scherm en laat dan de muisknop los.

■ Aanraakscherm: Veeg van de bovenkant van het scherm helemaal naar beneden.

De computer afsluiten

Voordat we verder gaan met een bespreking van het bureaublad, vermelden we u nog enkele manieren om de computer uit te schakelen:

■ Open de charmbalk (rechts), klik op **Instellingen** en **Aan/Uit**. U krijgt nu verschillende opties te zien, waaronder **Afsluiten** en **Opnieuw opstarten**.

■ Activeer het bureaublad (Win+D) en druk op Alt+F4; het venster Windows afsluiten verschijnt, met diverse afsluitopties.

■ Hebt u een laptop of notebook? Sluit dan het deksel. In het Configuratiescherm (zie hoofdstuk 6) kunt u bepalen wat er dan gebeurt.

En u kunt natuurlijk ook de aan-/uitknop van de computer gebruiken!

■ **Afbeelding 2.15**
De computer uitzetten.

Uitzetten via een tegel

Eerder in dit hoofdstuk is besproken dat tegels eigenlijk snelkoppelingen zijn. Hebt u een beetje Windows-ervaring, dan kunt u een snelkoppeling maken die de computer uitzet; vervolgens maakt u die tegel
vast aan het startscherm. Zo'n snelkoppeling maakt u via het bureaublad (via **Nieuw**, **Snelkoppeling**), en u plaatst daar de volgende
opdracht in: `shutdown /s /t 00`. Vervolgens klikt u met de rechtermuisknop op de gemaakte snelkoppeling (aanraakscherm: indrukken
en ingedrukt houden) en kiest u de opdracht **Vastmaken aan Start**. De
computer is nu via uw nieuwe tegel uit te schakelen.

Afmelden

Wilt u de computer niet afsluiten maar wilt u zich wel afmelden, dan kan
dat eenvoudig vanuit het startscherm: klik rechtsboven op uw naam en
kies een van de getoonde opties:

■ **Vergrendelen**   U wordt niet afgemeld, maar de computer wordt
vergrendeld zodat eerst uw wachtwoord moet worden ingevoerd,
voordat er kan worden verder gewerkt.

■ **Afmelden**   U wordt afgemeld, zodat een andere gebruiker zich
eventueel kan aanmelden.

■ **Gebruiker**   Is de computer ingericht voor meerdere gebruikers, tik
dan op de naam van een andere gebruiker om namens hem of haar
aan te melden. Het is niet verplicht om u eerst af te melden, maar
wanneer meerdere gebruikers tegelijk zijn aangemeld, kan dat de
prestaties van de computer beïnvloeden.

 Snel vergrendelen

Ongeacht waar u mee bezig bent op uw computer: Win+L (*lock*) ver-
grendelt de computer direct. Om u weer aan te melden drukt u op
een toets of klikt u in het scherm. Hebt u een aanraakgevoelig apparaat, veeg dan van onder naar boven. U kunt nu uw wachtwoord
invoeren en verder werken.

■ Bureaublad

Eerder in dit hoofdstuk is de term *bureaublad* al gevallen. De app Bureaublad start de vertrouwde Windows-omgeving met taakbalk, vensters en
pictogrammen. Alhoewel: vertrouwd? Het belangrijkste verschil met het
bureaublad uit eerdere versies van Windows is het ontbreken van de
traditionele knop **Start**, die in Windows 8.1 vervangen is door het Win-

dows-logo en feitelijk niets anders is dan een manier om het hiervoor beschreven startscherm te openen. Wellicht onhandig, maar wel begrijpelijk: er is nu een heel *venster* Start. Toch zal het in het begin even wennen zijn, vooral als u veel via het bureaublad doet.

Snel naar het bureaublad

Klik op de tegel Bureaublad op het startscherm, of druk op de toetscombinatie Win+D.

■ **Afbeelding 2.16**
Het bureaublad van Windows 8.1.

Het bureaublad omvat een geheel van vensters, knoppen en andere zaken die het mogelijk maken om op een vertrouwde manier met uw Windows 8.1-computer om te gaan. Als u de Bureaublad-app opent, ziet u linksboven enkele afbeeldingen (pictogrammen), rechtsonder enkele kleine afbeeldingen in het zogeheten systeemvak (inclusief een digitaal klokje) en waarschijnlijk een fraaie achtergrondafbeelding. Langs de onderkant van het scherm loopt – van links naar rechts – een balk die de taakbalk wordt genoemd.

Het bureaublad is geheel naar wens in te stellen. U kunt bijvoorbeeld de achtergrondafbeelding vervangen, maar ook de kleur van de tekst en de grootte en de positie van de pictogrammen aanpassen. U kunt de taakbalk verplaatsen of onzichtbaar maken en u kunt vensters op het scherm groter en kleiner maken. In hoofdstuk 6 gaan we overigens uitgebreid in op het aanpassen van het bureaublad (en de rest van de gebruikersomgeving).

Mappen en bibliotheken

Documenten worden in Windows in *mappen* of *bibliotheken* opgeslagen. U krijgt snel toegang tot uw documenten via de knop Verkenner links in de taakbalk. Standaard beschikt u over de mappen Documenten, Afbeeldingen, Muziek, Video's, Bureaublad en Downloads. In hoofdstuk 4 leert u hoe u zelf nieuwe mappen en bibliotheken maakt, wat het verschil is tussen een map en een bibliotheek en hoe u documenten in de juiste map opbergt. De indeling in bibliotheken en mappen is handig, omdat u hierdoor het overzicht niet hoeft te verliezen. Andere programma's, bijvoorbeeld Outlook en Mail, gebruiken ook mappen om e-mailberichten te rubriceren.

Waar is de map Mijn documenten gebleven?

De map Mijn documenten heet nu Documenten is standaard in de *bibliotheek* Documenten opgenomen.

Persoonlijke mappen

Persoonlijke mappen zijn mappen waarin u eigen documenten opslaat. U krijgt snel toegang tot uw documenten via de knop Verkenner links in de taakbalk. Standaard biedt Windows 8.1 u vier van deze themamappen:

- ▪ **Documenten**   Gebruik deze map om algemene documenten, zoals brieven, rapporten, verslagen enzovoort in op te slaan. Veel programma's zullen automatisch deze map gebruiken wanneer u een document probeert op te slaan.

- ▪ **Afbeeldingen**   Gebruik deze map om afbeeldingen in op te slaan. Programma's voor fotobewerking en dergelijke zullen documenten automatisch in deze map opslaan.

- ▪ **Muziek**   Gebruik deze map om gekopieerde muziek en muziek die u van internet hebt opgehaald op te slaan. Programma's voor het afspelen van muziek zoeken automatisch in deze map naar af te spelen nummers.

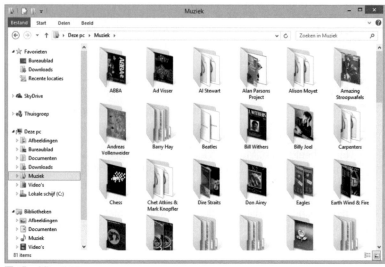

■ **Afbeelding 2.17**
De map Muziek.

■ **Video's**   Gebruik deze map om gekopieerde en eigen films en films
die u van internet hebt opgehaald op te slaan. Programma's voor het
afspelen van films zoeken automatisch in deze map naar af te spelen
films.

De mappen Downloads en Bureaublad gebruikt u doorgaans niet om
eigen documenten in op te slaan.

In hoofdstuk 4 leest u hoe u bibliotheken en mappen kunt voorzien van
eigen mappen en submappen, om zo het overzicht te bewaren.

Speciale mappen

Op het bureaublad kunnen enkele speciale mappen zichtbaar zijn. Dit
zijn:

■ **Deze pc**   Dubbelklik (twee keer snel achter elkaar klikken) op **Deze
pc** om een speciale map te openen die toegang geeft tot verschillende onderdelen in uw computer, zoals (verwisselbare) schijfstations.
U ziet hier bijvoorbeeld geplaatste geheugenkaartjes (uit uw digitale
camera) of de in de USB-poort geplaatste geheugenstick.

■ **Netwerk**   Dubbelklik op **Netwerk** (indien beschikbaar) om een
overzicht van het netwerk te krijgen. Maakt uw computer deel uit van
een (thuis)netwerk, dan ziet u de andere computers hier verschijnen.

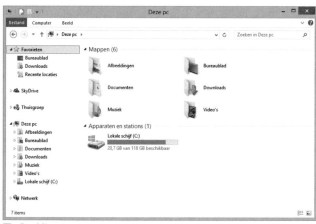

■ **Afbeelding 2.18**
De map Deze pc.

■ **Configuratiescherm**   Het Configuratiescherm is het alles overheer-
sende regelpaneel van Windows 8.1. U gebruikt het voor uiteen-
lopende taken, zoals het toevoegen van nieuwe gebruikers en het
instellen van het uiterlijk van Windows 8.1. Verschillende onderdelen
van het Configuratiescherm komen op diverse plaatsen in dit boek
aan de orde.

U kunt bepalen welke speciale mappen op het bureaublad worden weergegeven door met de rechtermuisknop op een leeg deel van het bureaublad te klikken en vervolgens **Aan persoonlijke voorkeur aanpassen** te

■ **Afbeelding 2.19**
Het Configuratiescherm.

kiezen. Klik links in het venster Persoonlijke instellingen op **Bureau-bladpictogrammen wijzigen** om een eigen selectie te maken.

Werken met vensters

Vensters spelen een belangrijke rol in het bureaublad van Windows. Zo belangrijk zelfs, dat Windows er zijn naam aan ontleent. Inhoud van mappen wordt bijvoorbeeld in vensters weergegeven, maar ook een programma wordt in zijn eigen venster uitgevoerd. Vandaar dat we in deze paragraaf stilstaan bij het werken met vensters.

Vensters bovenop leggen

Wanneer u de map Muziek opent (klik op het pictogram **Verkenner** in de taakbalk en dubbelklik vervolgens op **Muziek**) en vervolgens de map Prullenbak (dubbelklikken op het pictogram Prullenbak), zult u merken dat Windows twee vensters op het scherm laat zien. Deze twee vensters overlappen elkaar gedeeltelijk, zodat het onderliggende venster (het venster dat u als eerste opende) niet geheel zichtbaar zal zijn.

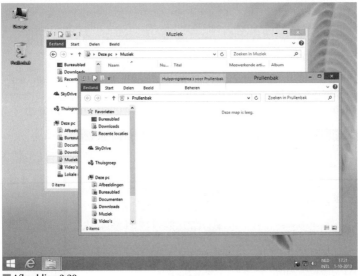

■ **Afbeelding 2.20**
Overlappende vensters.

Om van het onderliggende venster het bovenliggende venster te maken, volstaat het om 'ergens' op het onderliggende venster te klikken, bijvoorbeeld op de titelbalk aan de bovenkant van het venster.

De taakbalk

Eerder in dit hoofdstuk maakte u kennis met de taakbalk. De taakbalk bevindt zich onder in het scherm en herbergt aan de linkerkant enkele pictogrammen en aan de rechterkant (onder andere) een digitaal klokje. Als u de vensters Prullenbak en Muziek nog geopend hebt en u kijkt naar de taakbalk, zult u zien dat er een geaccentueerde knop zichtbaar is: de knop Windows Verkenner. Een andere manier om een venster het actieve venster te maken is door de muiswijzer op de knop die bij het gewenste venster hoort te plaatsen en vervolgens op het gewenste venster te klikken.

 ### Slechts één knop

In de taakbalk van Windows 8.1 neemt elk programma (zoals Verkenner) slechts één knop in beslag, ook al zijn er meerdere vensters in geopend.

Gebruikt u een programma vaak, dan kunt u de knop op de taakbalk vastmaken. Het voordeel daarvan is dat u het programma rechtstreeks kunt openen zonder eerst het startscherm te hoeven openen. Bovendien wordt de nieuwe knop direct van een eigen jump list voorzien, met alle voordelen van dien (zie hierna). Laten we eerst een programma aan de taakbalk vastmaken:

1 Open het startscherm.

2 Typ een aantal letters van de programmanaam om het zichtbaar te maken in de lijst. Typ bijvoorbeeld: `paint`.

3 Klik met de rechtermuisknop op de programmanaam **Paint** die in het overzicht is verschenen en kies de opdracht **Vastmaken aan de taakbalk**.

4 Keer terug naar het bureaublad, bijvoorbeeld via de toetscombinatie Win+D.

De knop Paint is nu aan de taakbalk toegevoegd en u kunt het programma snel starten door op de knop op de taakbalk te klikken.

■ **Afbeelding 2.21**
Paint is aan de taakbalk vastgemaakt.

Hebt u een aanraakgevoelig scherm, druk dan bij stap 3 hiervoor up de gevonden koppeling paint (even ingedrukt houden), en selecteer **Vastmaken aan de taakbalk** in het menu dat verschijnt.

Het vastmaken van een (veelgebruikt) programma aan de taakbalk heeft als bijkomend voordeel dat de jump list eenvoudig toegankelijk wordt: klik met de rechtermuisknop op een knop op de taakbalk om een overzicht met recente documenten, veel voorkomende taken en andere acties te zien. Op die manier kunt u een knop ook weer van de taakbalk losmaken: kies daartoe de opdracht **Dit programma losmaken van de taakbalk** in de jump list.

Afbeelding 2.22
De jump list van Paint.

 Items vastmaken

Het is zelfs mogelijk om een recent item permanent in de jump list op te nemen; dat kan handig zijn als u een bepaald document of een bepaalde website altijd onder handbereik wilt hebben. Zet de muiswijzer daartoe op een item in de sectie Recent of Vaak gebruikte items en klik op het punaisepictogram dat verschijnt.

Verplaatsen en de afmetingen wijzigen

Het is goed om te weten dat u gedeeltelijk verborgen vensters zichtbaar kunt maken door ze bovenop te leggen, maar er is nog veel meer mogelijk. Wilt u de inhoud van twee vensters *naast elkaar* kunnen bekijken,

Afbeelding 2.23
Een item vastmaken.

dan zult u een van de vensters doorgaans moeten verplaatsen, en soms zult u ook de afmetingen moeten aanpassen. Dat kan allemaal.

Ga als volgt te werk om een venster te verplaatsen:

1 Plaats de aanwijzer op de bovenste rand van het venster dat u wilt verplaatsen; is deze niet zichtbaar, maak het gewenste venster dan eerst het actieve venster, op een van de eerder besproken manieren.

2 Druk op de linkermuisknop en houd deze ingedrukt.

3 Verplaats de muis; zolang u de muisknop ingedrukt houdt verschuift het venster mee. Dit wordt *slepen* genoemd.

Ga als volgt te werk om de afmetingen van een venster te wijzigen:

1 Plaats de aanwijzer op de buitenste rand van het venster waarvan u de afmetingen wilt wijzigen; de aanwijzer verandert in een tweekoppig pijltje.

2 Druk op de linkermuisknop en houd deze ingedrukt.

3 Verplaats de muis; zolang u de muisknop ingedrukt houdt verschuift de rand mee. Het venster wordt nu groter of kleiner.

Plaats de aanwijzer op de linker- of rechterrand om een venster breder of smaller te maken; plaats de aanwijzer op de boven- of onderrand om een venster hoger of minder hoog te maken. Plaatst u de aanwijzer op een hoekpunt, dan kunt u de hoogte en de breedte tegelijk aanpassen.

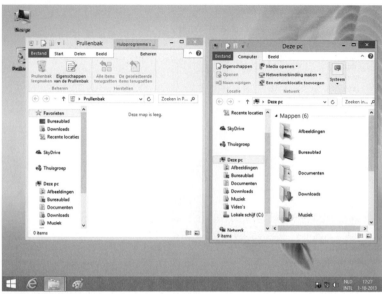

■ **Afbeelding 2.24**
De mappen zijn verplaatst en verkleind.

 ## Automatisch schikken

Windows 8.1 biedt ook een mogelijkheid om vensters automatisch te schikken. Klik daartoe met de rechtermuisknop op een leeg deel van de taakbalk (onder in het scherm) en kies een van de volgende opties: **Vensters trapsgewijs schikken**, **Vensters gestapeld weergeven** of **Vensters naast elkaar weergeven**. Klikt u op **Bureaublad weergeven**, dan worden alle vensters geminimaliseerd (zie hierna).

 ## Nog meer schikfuncties

Handig is de mogelijkheid om een venster eenvoudig aan de linkerkant of aan de rechterkant van het venster te koppelen. Gebruik hiervoor de toetsen Win+Pijl-links of Win+Pijl-rechts. U kunt deze toetsen blijven indrukken voor een 'roulerende' functie.

Minimaliseren en maximaliseren

Het is mogelijk om een venster tijdelijk te verbergen, zonder het te sluiten. In dat geval ziet u alleen nog een knop op de taakbalk, maar het daadwerkelijke venster wordt niet meer weergegeven. Om een venster te minimaliseren klikt u rechtsboven in het venster op de knop **Minimaliseren** (het liggende streepje, de eerste van de drie knopjes in de rechterbovenhoek van een venster) of drukt u op Win+Pijl-omlaag. Het venster verdwijnt nu, maar de knop op de taakbalk blijft zichtbaar. Klik op deze knop om het venster weer zichtbaar te maken, zoals hiervoor beschreven; of druk op Alt+Tab.

■ **Afbeelding 2.25**
Links de knop Minimaliseren, in het midden de knop Maximaliseren/Verkleinen.

Het is ook mogelijk om een venster het volledige scherm te laten bedekken; dit wordt maximaliseren genoemd. Wanneer u een venster maximaliseert, bedekt het alle andere vensters. Om een venster te maximaliseren klikt u rechtsboven in het venster op de knop **Maximaliseren** (het rechthoekje, de tweede van de drie knopjes in de rechterbovenhoek van een venster) of drukt u op Win+Pijl-omhoog. U kunt nu een ander venster zichtbaar maken door op de vensterknop in de taakbalk te klikken, of door Alt+Tab te gebruiken.

U kunt het formaat van gemaximaliseerde vensters herstellen door nogmaals op de knop **Maximaliseren** te klikken (die nu **Verkleinen** heet en er ook iets anders uitziet) of door op Win+Pijl-omlaag te klikken.

Alternatief maximaliseren en minimaliseren

Windows 8.1 biedt de mogelijkheid om een venster te maximaliseren door het aan de titelbalk naar de bovenkant van het scherm te slepen. Sleep een gemaximaliseerd venster aan de titelbalk omlaag om het oorspronkelijke formaat te herstellen.

Alle andere venster minimaliseren

Pak een venster op aan de titelbalk (muisknop indrukken en ingedrukt houden) en 'schud' ermee om alle andere geopende vensters te minimaliseren.

Vensterindeling

Nu u vensters op een door u gewenste plek op het scherm kunt zetten en de grootte naar believen kunt wijzigen, is het niet onverstandig om even kort te kijken naar wat er in een venster te zien is; in hoofdstuk 4 wordt daar overigens nog uitgebreider bij stilgestaan.

Recente locaties Niveau omhoog Menubalk Adresbalk Lint Mapnaam Vernieuwen Lint aan/uit

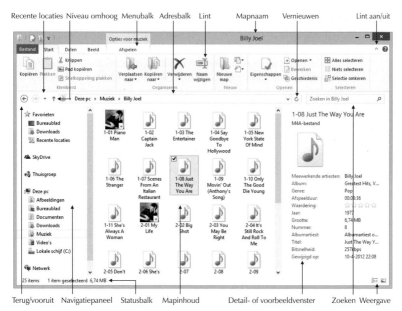

Terug/vooruit Navigatiepaneel Statusbalk Mapinhoud Detail- of voorbeeldvenster Zoeken Weergave

Afbeelding 2.26
Een typisch venster.

In de afbeelding ziet een typisch venster. Als u eerder met Windows XP (of ouder) hebt gewerkt komt een en ander wellicht bekend voor, maar toch is er veel gewijzigd.

- **Recente locaties**   Deze knop opent een lijst met mappen die u recent hebt geopend, en biedt snelle toegang tot deze mappen.

- **Niveau omhoog**   Deze knop opent de 'bovenliggende' map; u gaat hiermee een niveau omhoog in de mappenstructuur.

- **Menubalk**   Via de menubalk hebt u toegang tot de verschillende tabbladen van het lint. Deze tabbladen bevatten gegroepeerde opdrachten, die overeenkomen met de naam in de menubalk; zo bevat de tab **Beeld** opdrachten om de weergave in het venster aan te passen.

- **Adresbalk**   De adresbalk maakt gebruik van het inmiddels op internet veel toegepaste broodkruimelspoor. In dit broodkruimelspoor ziet u het 'pad' naar de map die u hebt geopend.

- **Lint**   Het lint bevat verschillende opdrachten, verdeeld over verschillende tabbladen. De precieze tekst op de knoppen varieert. Daarnaast variëren de knoppen afhankelijk van het onderdeel waarop u binnen de map klikt.

■ **Mapnaam**   In de titelbalk van het venster leest u de naam van de map af.

■ **Vernieuwen**   Klik op deze knop om de inhoud van het venster te verversen.

■ **Lint aan/uit**   Met deze knop kunt u het lint in- en uitklappen.

■ **Weergave**   Deze twee knoppen schakelen snel tussen de weergaven Details en Grote pictogrammen.

■ **Zoeken**   Rechts naast de adresbalk ziet u het vak **Zoeken**. Typ hier enkele letters of een woord en Windows 8.1 gaat op zoek naar documenten, e-mailberichten, contactpersonen enzovoort waarin de getypte letters voorkomen.

■ **Detail/Voorbeeldvenster**   Het voorbeeld- of detailvenster is standaard niet zichtbaar, maar kan eenvoudig worden weergegeven via de tab **Beeld** in het lint. In het voorbeeldvenster verschijnt een groter voorbeeld van het document dat u selecteert. U maakt het venster zichtbaar door in het lint (menu **Beeld**) op de gewenste knop te klikken. Volg dezelfde stappen om het venster weer te sluiten.

■ **Mapinhoud**   Het belangrijkste deel van het venster wordt ingenomen door de mapinhoud. Hier ziet u een overzicht van de in de map aanwezige documenten. Bevat de map meer documenten dan kunnen worden weergegeven, dan verschijnt langs de rechterkant van het venster een schuifbalk waarmee u door de mapinhoud kunt schuiven. Versleep het 'liftje' in de schuifbalk om door de mapinhoud te bladeren.

■ **Navigatiepaneel**   Links bevindt zich het navigatiepaneel met de traditionele mappenweergave die u waarschijnlijk uit eerdere versies van Windows kent. U kunt op de driehoekjes naast de items in het navigatievenster klikken om de structuur uit te vouwen cq. in te klappen.

■ **Terug en Vooruit**   Als u eerder met een webbrowser hebt gewerkt, zullen de knoppen **Terug** en **Vooruit** geen geheimen voor u hebben. U gebruikt ze om naar de vorige weergegeven map terug te keren, of weer terug te keren naar de huidige map.

Broodkruimels of...

Als u een *die-hard* Windows-gebruiker bent, dan wilt u wellicht weten met welke *fysieke* mappen u te doen hebt. Klik in de adresregel en voilà... Zodra u elders in de map klikt verschijnt het broodkruimelspoor weer.

■ **Afbeelding 2.27**
Voor de liefhebber.

Weergave van de vensterinhoud

In de vorige paragraaf hebt u kunnen lezen waaruit een venster is opgebouwd. Nu kijken we kort naar de manieren waarop u de inhoud van een map kunt weergeven. Opent u bijvoorbeeld de map Computer (Win+E), dan verschijnt een overzicht met behoorlijk kleine versies van de beschikbare mappen. Windows 8.1 laat u de grootte van deze miniatuurtjes (ook wel *pictogrammen* genoemd) echter traploos instellen. Ga als volgt te werk:

1 Open de map **Computer** door op Win+E te drukken.

2 Klik in het lint op de tab **Beeld** om verschillende weergaven te zien:

- ■ **Extra grote pictogrammen**   De beschikbare onderdelen worden als extra grote pictogrammen weergegeven.

- ■ **Kleine pictogrammen**   De beschikbare onderdelen worden zeer klein weergegeven.

- ■ **Tegels**   De beschikbare onderdelen getegeld weergegeven, voorzien van een korte beschrijving.

- ■ **Grote pictogrammen**   De beschikbare onderdelen worden als grote pictogrammen weergegeven.

- ■ **Lijst**   De beschikbare onderdelen worden als namenlijst weergegeven.

- ■ **Inhoud**   De beschikbare onderdelen worden met voorbeeldpictogram en aanvullende informatie weergegeven.

- ■ **Normale pictogrammen**   De beschikbare onderdelen worden als normale pictogrammen weergegeven.

- ■ **Details**   De beschikbare onderdelen worden zeer klein weergegeven, voorzien van details zoals grootte, wijzigingsdatum en bestandstype.

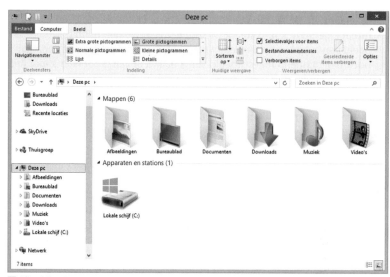

Afbeelding 2.28
De inhoud wordt uitvergroot.

Volgorde van de vensterinhoud

U kunt de weergave van de bestanden in een map eenvoudig sorteren;
langs de bovenrand van de vensterinhoud ziet u (onder andere in de
detailweergave) kolomkoppen zoals **Naam**, **Gewijzigd op**, **Type** enzovoort. Klik op zo'n kop om op dat gegeven te sorteren; klik bijvoorbeeld

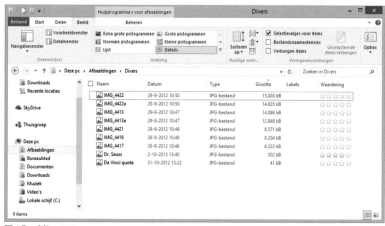

Afbeelding 2.29
*Bestanden gesorteerd van groot naar klein. Let in dit voorbeeld ook op de kolom Waardering; klik
op de kop om de afbeeldingen naar classificatie te rangschikken.*

op **Naam** om de bestanden in alfabetische volgorde te zien. Een klein driehoekje in de kop verraadt de sorteervolgorde: oplopend (bijvoorbeeld van a naar z of van klein naar groot; het driehoekje wijst dan naar boven) of aflopend (bijvoorbeeld van z naar a of van groot naar klein; het driehoekje wijst dan naar beneden). U keert de sorteervolgorde om door nogmaals op de kop met het driehoekje te klikken.

Is de kopregel niet zichtbaar, klik dan met de rechtermuisknop in een leeg gedeelte van de map en selecteer de opdracht **Sorteren op**, gevolgd door een gewenste sorteerkeuze.

 ## Meer kolommen

U bepaalt zelf welke kolommen Windows 8.1 boven de vensterinhoud plaatst. Klik met de rechtermuisknop op een kop om kolommen in of uit te schakelen (door er een vinkje voor te plaatsen). U kunt ook op **Meer** klikken en een keuze maken uit nog veel meer kolommen.

■ **Afbeelding 2.30**
Bepaal in dit snelmenu welke kolommen Windows 8.1 moet weergeven.

Het is ook nog mogelijk om bestanden gegroepeerd weer te geven. Dit wil zeggen dat bepaalde bestanden als een groep worden weergegeven (bijvoorbeeld: van een bepaalde grootte of van A tot E, van F tot L enzovoort).

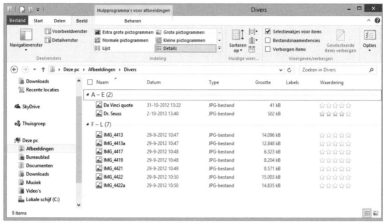

■ **Afbeelding 2.31**
Bestanden gegroepeerd weergegeven.

Om de inhoud van een map te groeperen, klikt u met de rechtermuisknop in een leeg deel van de map en kiest u **Groeperen op**, gevolgd
door een criterium (bijvoorbeeld **Naam**). Kies **Geen** om de groepering op
te heffen.

 Lint in- en uitschakelen

Het lint kan desgewenst in- of uitgeschakeld worden. Dit doet u met
het kleine driehoekje rechtsboven in het venster, naast de knop Help
(het vraagteken).

■ Werken zonder menu Start

Eerder in dit hoofdstuk is het nieuwe startscherm besproken, dat het vertrouwde menu Start vervangt. Het zal waarschijnlijk even wennen zijn
om met een bureaublad zonder menu Start te werken, maar gelukkig
heeft Microsoft voldoende alternatieven ingebouwd. Zo zijn er veel sneltoetsen beschikbaar, kunt u snelkoppelingen op het bureaublad en in de
taakbalk maken, en is er ook een lokaal menu beschikbaar dat snel een
aantal veelgebruikte toepassingen opent.

Het overzicht op de volgende pagina geeft enkele belangrijke sneltoetsen
weer.

Sneltoets	Functie
Win+D	Opent het bureaublad
Win+E	Opent Deze computer
Win+F	Opent de charm Zoeken (bestanden)
Win+I	Opent de charm Instellingen
Win+M	Minimaliseert alle vensters
Win+Q	Opent de charm Zoeken (apps)
Win+R	Opent het venster Uitvoeren
Win+U	Opent het Toegankelijkheidscentrum
Win+W	Opent de charm Zoeken (instellingen)
Win+X	Opent een menu met snelle toegang tot veelgebruikte computeronderdelen.
Ctrl+Shift+Esc	Opent Taakbeheer
Win+cijfer	Opent het programma of venster dat aan de taakbalk is vastgemaakt; 1 = eerste programma, 2 = tweede programma enzovoort.

Programma's en onderdelen
Mobiliteitscentrum
Energiebeheer
Logboeken
Systeem
Apparaatbeheer
Netwerkverbindingen
Schijfbeheer
Computerbeheer
Opdrachtprompt
Opdrachtprompt (administrator)

Taakbeheer
Configuratiescherm
Verkenner
Zoeken
Uitvoeren

Afsluiten of afmelden ▸
Bureaublad

■ **Afbeelding 2.32**

Het menu dat verschijnt wanneer u op Win+X drukt. U kunt dit menu ook openen door met de rechtermuisknop op het pictogram van het startvenster te klikken, dat verschijnt wanneer u de muisaanwijzer in de rechterbenedenhoek van het scherm plaatst.

Windows-toets

En niet vergeten natuurlijk: de Windows-toets opent het startscherm, het 'echte' nieuwe menu Start.

 ## Programma snel aan de taakbalk vastmaken

Hebt u een programma gestart via het startscherm of een sneltoets, en wilt u het snel aan de taakbalk vastmaken? Klik met de rechtermuisknop op de knop van het geopende programma in de taakbalk, en kies **Dit programma vastmaken aan de taakbalk**.

■ **Afbeelding 2.33**

Enkele programma's vastgemaakt aan de taakbalk. U opent ze snel via Win+1, Win+2, Win+3, Win+4 en Win+5. Oók vanuit het startscherm!

Hoofdstuk 3

Apps en programma's

Zoals in hoofdstuk 1 al is gemeld, is een van de taken van Windows 8.1 het 'beheren' van programma's (ook wel toepassingen, apps, applicaties of software genoemd). Wanneer u achter uw computer zit, zal het regelmatig voorkomen dat u met nieuwe programma's aan de slag wilt. Programma's koopt u in de winkel of downloadt u van internet, apps betrekt u uit de Windows Store. Voordat u ze kunt gebruiken, zult u ze meestal op uw computer moeten installeren. Dit hoofdstuk laat u zien hoe dat in zijn werk gaat.

▌Apps en de Windows Store

Integraal onderdeel van Windows 8.1 is de Windows Store. De Windows Store is zelf een app, die u opent vanaf het startscherm door op de tegel Store te klikken.

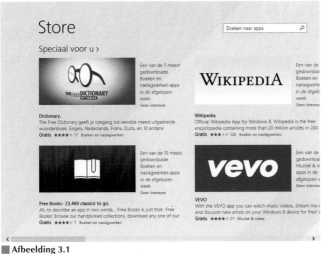

▌**Afbeelding 3.1**
De Windows Store.

Apps zoeken en installeren

Ten tijde van het schrijven van dit boek was het aanbod van voor Windows 8.1 geschikte apps in de Store nog overzichtelijk, maar ongetwijfeld zal het aanbod terwijl u dit boek leest fors zijn uitgebreid. De Windows Store is zelf een typische Windows-app, dus het programma gedraagt zich als een reguliere app. Met de appbalk kunt u specifieke taken uitvoeren. De navigatiebalk bovenin (die verschijnt wanneer u de appbalk opent) geeft direct toegang tot veel categorieën. Of gebruik het zoekvak rechtsboven om bepaalde apps te vinden. Typ bijvoorbeeld spel om op zoek te gaan naar spellen. Druk vervolgens op Enter om de zoekresultaten zichtbaar te maken.

Afbeelding 3.2
Zoeken naar spelletjes.

Zoals u ziet zijn sommige apps gratis, voor andere apps moet u betalen. Wilt u meer over een app weten, klik er dan op om een venster met aanvullende informatie te tonen.

Wilt u de app installeren, klik dan op **Installeren**, **Kopen** of **Proberen**. U kunt ondertussen verder werken met uw computer of tablet.

Aanvullende informatie over een app.

Categorieën

Het startscherm van de Windows Store toont initieel enkele hoogtepunten ('Speciaal voor u'), maar uiteraard kunt u ook de andere categorieën bekijken door de inhoud van het venster te verschuiven of de navigatiebalk te gebruiken.

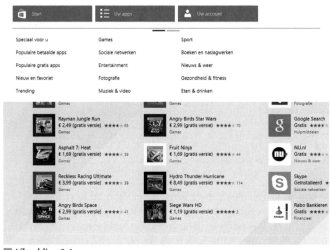

Populaire betaalde apps.

Wanneer u een zoekterm hebt ingevoerd en het scherm toont een overzicht met zoekresultaten, dan kunnen er verschillende sorteer- en filter-
opties verschijnen. Open zo'n lijst om de zoekresultaten te verfijnen of te
sorteren; zo kunt u bijvoorbeeld op prijs filteren, of alleen apps tonen in
een bepaalde categorie.

█ **Afbeelding 3.5**
Filteren op prijs.

Overigens krijgt u meer (internationale) apps te zien wanneer u de charm
Instellingen opent (Win+I), **Voorkeuren** kiest en dan de optie **Makke-**
lijker maken om apps te vinden in mijn voorkeurstalen uitschakelt!

Betaalde apps

Voor niets gaat de zon op, dus er zijn ook voldoende apps beschikbaar
waarvoor u moet betalen. Vaak gaat het dan om enkele euro's, en mocht
u een kat in de zak hebben gekocht, dan is het financiële leed vaak te
overzien. Bovendien bieden sommige betaalde apps de gelegenheid om
ze eerst kosteloos uit te proberen; in dat geval is de tijd dat u de app kunt
gebruiken vaak beperkt, of zitten er andere restricties aan.

█ **Afbeelding 3.6**
De app Dikkie Dik kunt u direct aanschaffen, of eerst uitproberen.

Wilt u de app daadwerkelijk aanschaffen, dan klikt u op **Kopen**. U wordt
nu nog eenmaal in de gelegenheid gesteld om van gedachten te verande-
ren, maar klikt u op **Bevestigen**, dan is de koop – in beginsel – definitief.
Let op: u kunt alleen apps aanschaffen als u over een Microsoft-account
beschikt waaraan een betaalmogelijkheid (zoals creditcard) is gekoppeld.

Geen Microsoft-account?

Hebt u geen Microsoft-account, maak er dan gratis een aan. Zonder Microsoft-account is het niet mogelijk om betaalde apps in de Store aan te schaffen. Bovendien heeft een Microsoft-account meer voordelen, zoals later in dit boek zal blijken.

Updates

Regelmatig zullen apps die u hebt geïnstalleerd worden bijgewerkt. U ziet dit aan de informatie in de Store-tegel: staat daar een cijfer, dan geeft dit aan hoeveel updates er beschikbaar zijn.

▓ **Afbeelding 3.7**
Er zijn vijftien updates beschikbaar.

Open de app en klik op de tekst **Updates** die rechtsboven in het scherm staat. De pagina App-updates die nu verschijnt laat zien welke updates beschikbaar zijn. Deze apps zijn automatisch allemaal geselecteerd (let op de selectievinkjes en de beschikbare appbalk), dus als u onder in het venster op **Installeren** klikt, worden alle apps bijgewerkt. Wilt u liever eerst bekijken wat de specifieke updates van een app zijn, klik dan op **Wissen** om de selectie op te heffen. U kunt nu een individuele app selecteren door erop te klikken, waarna u in de appbalk op **Details weergeven** klikt.

Wilt u alsnog alle updates tegelijk selecteren, kies dan – terug in het venster App-updates – de opdracht **Alles selecteren** en klik op **Installeren**.

Apps verwijderen

Voldoet een app niet aan uw verwachtingen, dan verwijdert u deze vanuit het startscherm. Selecteer de tegel van de app en kies **Installatie ongedaan maken**.

Apps elders installeren

Apps die u hebt aangeschaft, kunt u ook op andere apparaten installeren die aan uw Microsoft-account zijn gekoppeld. Wanneer u de appbalk opent, zult u zien dat deze boven aan het scherm verschijnt – dit wordt dan de navigatiebalk genoemd. Klik op **Uw apps** om te zien welke apps u in de loop van de tijd hebt geïnstalleerd. De keuzelijst links geeft u de mogelijkheid om te zien welke apps u op welk apparaat hebt geïnstalleerd.

■ **Afbeelding 3.8**
Zo vraagt u per apparaat een overzicht van geïnstalleerde apps op.

■ Programma installeren

Programma's koopt u in de winkel of downloadt u – al dan niet tegen betaling – van internet. Ook kan het gebeuren dat u programma's van vrienden of bekenden krijgt, wat is toegestaan zolang u de rechten van de auteursrechthebbenden niet schendt. Over het algemeen maakt het niet uit hoe u aan een programma komt, aangezien de installatiemethode over het algemeen hetzelfde is. In het kort komt die op het volgende neer:

■ start het installatieprogramma (meestal Setup genaamd);

■ volg de stappen op het scherm.

Is het echt zo makkelijk? Over het algemeen gelukkig wel. Vaak zult u om de nodige informatie worden gevraagd, maar in de meeste gevallen is er bij die vragen al een antwoord ingevuld. Op Enter drukken of op **Volgende** (of **Next**) klikken volstaat dan. Wanneer er bij een vraag geen antwoord is ingevuld (bijvoorbeeld wanneer naar uw naam of naar een serienummer wordt gevraagd), vult u dit eerst in voordat u de installatieprocedure vervolgt.

Ingewikkelde vragen

Natuurlijk komt u soms een ingewikkelde vraag tegen. De installatieprocedure kan bijvoorbeeld vragen waar het programma geïnstalleerd
moet worden. Wijzig de voorgestelde antwoorden niet, tenzij u weet
wat u doet. Doorgaans zijn de vooraf ingevulde antwoorden correct.

■ **Afbeelding 3.9**
Vaak moet u akkoord gaan met bepaalde voorwaarden.

Het venster Automatisch afspelen

Wanneer het aangeschafte programma op cd-rom of dvd is geleverd, start
u de installatieprocedure vanuit het venster Automatisch afspelen dat –
onder normale omstandigheden – vanzelf verschijnt, zodra u het medium
in de cd- of dvd-lezer plaatst. Mocht het venster Automatisch afspelen
onverhoopt niet verschijnen, doe dan het volgende:

1 Open de map **Deze pc** (Win+E).

2 Dubbelklik op het cd- of dvd-station waarin het medium met het programma zich bevindt.

De installatieprocedure wordt nu gestart. Mocht dat niet het geval zijn,
ga dan verder met stap 3.

3 Als de installatieprocedure niet wordt gestart, zal de map met documenten en bestanden op de cd-rom worden geopend. Zoek naar een
toepassing met de naam Setup, Install of Autorun en dubbelklik hierop.

4 De installatieprocedure wordt alsnog gestart. Kunt u een van de genoemde programma's niet vinden, raadpleeg dan de documentatie die u bij het programma hebt ontvangen.

Het geïnstalleerde programma starten

Nadat de installatie is voltooid – doorgaans sluit u de procedure af met een klik op de knop **Finish** of **Voltooien** – kunt u het programma gebruiken. Tijdens de installatie wordt er een tegel op het startscherm geplaatst, en vaak ook een plaatje (pictogram) op het bureaublad. Klik op de tegel of dubbelklik op het pictogram om het programma te starten.

 Afbeelding 3.10
Pictogrammen op het bureaublad.

Is er geen pictogram op het bureaublad geplaatst, dan kunt u het programma starten via het startscherm.

Het pictogram op het bureaublad is overigens een zogeheten snelkoppeling naar het programma. U mag deze snelkoppeling straffeloos verwijderen als u uw bureaublad graag schoonhoudt; door de snelkoppeling te verwijderen, verwijdert u het programma *niet* van de computer. U verwijdert de snelkoppeling door deze naar de prullenbak te slepen.

Weg is weg?

De snelkoppeling is niet definitief verwijderd, maar in de prullenbak geplaatst. U kunt voorwerpen die u in de prullenbak hebt geplaatst over het algemeen altijd weer terughalen; daarover leest u meer in het volgende hoofdstuk.

Programma van internet installeren

In het hiervoor geschetste voorbeeld is alles betrekkelijk eenvoudig, omdat de installatieprocedure automatisch wordt gestart wanneer u de informatiedrager in het cd- of dvd-romstation plaatst. In deze paragraaf laten we u zien hoe u een programma installeert dat u van internet hebt gedownload. Hiertoe dient u uiteraard over een werkende internet-verbinding te beschikken.

In het volgende voorbeeld installeren we het uitermate populaire – en leuke! – Google Earth op Windows 8.1. Google Earth is een gratis pro-gramma waarmee u een satellietfoto van uw stad, dorp of achtertuin kunt bekijken. En nog veel meer overigens, maar dat valt buiten het bestek van dít boek.

Wees voorzichtig

Installeer alleen programma's van internet waarvan u weet dat ze betrouwbaar zijn. Als u op dubieuze websites gratis (gekraakte) programma's kunt downloaden, dan loopt u het risico dat uw compu-ter met een virus wordt besmet of van spyware wordt voorzien. Niet doen dus! Hebt u twijfel over een programma dat u downloadt of per e-mail krijgt toegestuurd, dan is het advies simpel: niet installeren!

1 Start de webbrowser Internet Explorer door op de knop **Internet Explorer** linksonder in de taakbalk te klikken. Mocht u Internet Explo-rer niet gebruiken, start dan uw eigen browser. U kunt ook de Internet Explorer-app van het startscherm gebruiken.

2 Klik in de adresregel bovenin en typ `earth.google.nl`. Druk daarna op Enter.

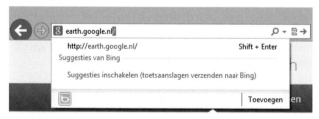

█ **Afbeelding 3.11**
Voer het webadres van Google Earth in.

De website van Google Earth verschijnt.

3 Zoek op de pagina naar de tekst **Download Google Earth** (of gelijk-
waardig). In de afbeelding ziet u die tekst rechts op de pagina. Klik op
de tekst.

■ **Afbeelding 3.12**
Daar vindt u Google Earth.

4 Op de volgende pagina die verschijnt klikt u op de knop **Akkoord
gaan en downloaden**.

5 Er verschijnt een balk onderin die u de volgende drie keuzen biedt:

■ **Uitvoeren** Klik op de knop **Uitvoeren** om het installatiebestand
te downloaden en direct te starten. Kies deze optie als u het programma direct, eenmalig en alleen op deze computer wilt installeren; de installatieprocedure wordt verder niet bewaard.

■ **Opslaan** Klik op de knop **Opslaan** om het installatiebestand te
downloaden, waarna deze lokaal op uw vaste schijf wordt opgeslagen. Kies deze optie als u het programma later ook op een
andere computer wilt installeren; u hoeft het dan namelijk niet
opnieuw te downloaden. Klik op het kleine pijltje naast de knop
Opslaan om aanvullende opties te tonen.

■ **Annuleren** Klik op de knop **Annuleren** als u van het downloaden wilt afzien.

■ Afbeelding 3.13

De keuzebalk Bestand downloaden.

We zullen laten zien hoe u de installatieprocedure opslaat, zodat u het programma later eventueel nog op een andere computer kunt installeren.

6 Klik op het pijltje naast **Opslaan** en kies **Opslaan als**. Het venster Opslaan als verschijnt.

7 In het venster Opslaan als kunt u een locatie opgeven waar u het installatiebestand wilt opslaan. Standaard is dat *<naam persoonlijke map>* ▸ Downloads. Ook de naam van het installatiebestand kunt u wijzigen. Omdat hoofdstuk 4 verder op het opslaan en benoemen van documenten ingaat, laten we de aanbevolen waarden voor nu ongemoeid. Klik derhalve op **Opslaan**.

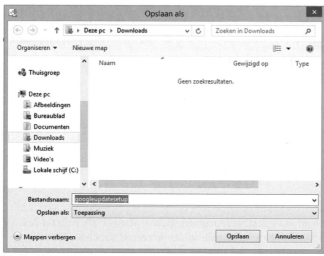

■ Afbeelding 3.14

Bepaal waar de installatieprocedure wordt opgeslagen.

8 De installatieprocedure wordt opgeslagen in de map die u in de vorige stap hebt gespecificeerd. Wanneer het downloaden is voltooid, hebt u wederom drie keuzen:

■ Uitvoeren   De installatieprocedure wordt direct gestart.

■ **Map openen** De map waar het installatiebestand is opgeslagen wordt geopend, waarna u de installatie kunt starten door op het installatiebestand te dubbelklikken.

■ **Downloads weergeven** De download wordt afgerond en het venster Downloads weergeven wordt geopend. U kunt er nu voor kiezen de installatieprocedure alsnog uit te voeren, of het venster te sluiten.

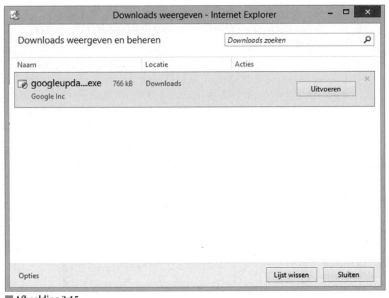

■ **Afbeelding 3.15**
Het venster Downloads weergeven.

Gemak dient de mens, dus klik op **Uitvoeren**.

9 Vervolgens is de installatie niet erg spannend meer; dit hebt u namelijk eerder gezien. Het venster Gebruikersaccounts verschijnt wellicht, waarin u op **Ja** klikt.

10 Nadat de installatie is voltooid wordt Google Earth automatisch gestart. Wanneer het hoofdvenster verschijnt typt u links bovenin een adres in de volgende vorm: `triosingel 38, culemborg, nl`. Druk op Enter en u kunt zien waar dit boek vandaan komt!

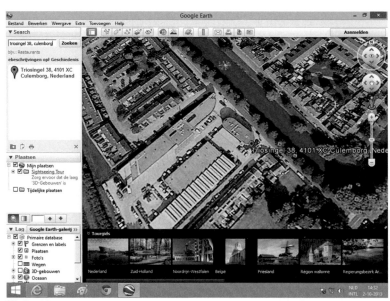

Afbeelding 3.16
Daar wordt gewerkt!

De installatie later starten

Hebt u het installatiebestand wel gedownload maar nog niet gestart en u wilt dat later alsnog doen? Open dan Windows Verkenner (Win+E of klik in de taakbalk op de overeenkomstige knop) en klik op **Downloads** (in de navigatiestructuur links) om de map met gedownloade bestanden te openen.

Programma's verwijderen

In de loop van de tijd zult u heel wat programma's op uw computer geïnstalleerd hebben, waarvan u er sommige wellicht niet meer gebruikt. Dan is het goed om te weten dat u de installatie ongedaan kunt maken: u kunt het programma verwijderen. Daarvoor maakt u gebruik van het Configuratiescherm, dat u gebruikt om computerzaken 'te regelen'. Het verwijderen van programma's is een van die zaken en gaat als volgt:

1 Druk op Win+X en kies de opdracht **Configuratiescherm**.

2 Klik in het venster Configuratiescherm op de tekst **Een programma verwijderen**, die u onder het kopje **Programma's** ziet staan.

■ **Afbeelding 3.17**
Het Configuratiescherm.

■ **Afbeelding 3.18**
Het venster Programma's en onderdelen.

3 Selecteer het programma dat u wilt verwijderen door er eenmaal op te klikken. In de balk boven de programmalijst verschijnen nu verschillende opties, die per programma kunnen variëren. Dat zijn:

■ **Verwijderen** Klik op deze knop om het verwijderen van het programma in gang te zetten.

■ **Wijzigen**   Klik op deze knop om opties in de installatie te wijzigen (bijvoorbeeld onderdelen toevoegen).

■ **Herstellen**   Klik op deze knop om een beschadigde installatie te
herstellen.

4 Klik op **Verwijderen**.

5 Volg eventueel de stappen op het scherm om de installatie van het
programma ongedaan te maken.

6 Sluit het Configuratiescherm door op de sluitknop rechtsboven te klikken.

■ Windows-onderdelen in- of uitschakelen

Tijdens de installatie van Windows zijn de meest gangbare onderdelen
geïnstalleerd. U kunt er echter voor kiezen om bepaalde onderdelen uit
te schakelen, of ontbrekende onderdelen in te schakelen. Omdat u
beslissingen hierover pas in een later stadium zult kunnen nemen – wanneer u wat meer ervaring met Windows 8.1 hebt – beperken we ons in
deze paragraaf tot het beschrijven van de handelingen:

1 Druk op Win+X en kies de opdracht **Configuratiescherm**.

2 Klik op het kopje **Programma's**.

3 Klik op de tekst **Windows-onderdelen in- of uitschakelen**.

4 Bekijk de beschikbare onderdelen in het venster Windows-onderdelen. Beschikt u over Windows 8.1 Pro en wilt u uw computer bijvoorbeeld gebruiken om virtuele werkstations te kunnen gebruiken – u

■ **Afbeelding 3.19**
Selecteer de gewenste onderdelen.

begrijpt dat dit in dit boek niet aan de orde komt! – dan schakelt u de gewenste onderdelen (Hyper-V) in door vinkjes in de overeenkomstige vakjes te plaatsen (klikken). Onderdelen worden uitgeschakeld door vinkjes te verwijderen (eveneens klikken).

5 Klik op **OK** om uw keuzen te bevestigen of op **Annuleren** om het venster Windows-onderdelen te sluiten zonder dat er iets aan de installatie van Windows gewijzigd wordt.

Weet wat u doet

U kunt uitgeschakelde Windows-onderdelen later altijd weer inschakelen, en omgekeerd. Weet u echter niet precies wat u doet, laat de instellingen in het venster Windows-onderdelen dan bij voorkeur ongemoeid!

Oude programma's gebruiken

Tot slot van dit hoofdstuk kijken we naar het werken met 'oude' programma's. Ongetwijfeld hebt u thuis cd's liggen met programma's die u in de winkel, op de computerbeurs of online hebt gekocht. Deze programma's zijn hoogstwaarschijnlijk niet gemaakt voor Windows 8.1, maar het merendeel zal desalniettemin probleemloos werken en op dezelfde manier te installeren zijn als eerder in dit hoofdstuk is beschreven. Mocht een ouder programma echter toch niet naar behoren functioneren, dan kunt u een beroep doen op de wizard Probleemoplosser voor programmacompatibiliteit. Alhoewel er geen garantie is dat die een niet-werkend programma aan de praat krijgt, is de kans dat dat lukt wel vrij groot.

Probeer deze stappen uit om een geïnstalleerd, ouder programma op Windows 8.1 werkend te krijgen:

1 Druk op Win+X en kies de opdracht **Configuratiescherm**.

2 Klik op het kopje **Programma's**.

3 Klik op de tekst **Programma's uitvoeren die gemaakt zijn voor vorige versies van Windows**.

De wizard Probleemoplosser voor programmacompatibiliteit wordt gestart.

4 Klik op **Volgende**.

■ **Afbeelding 3.20**
De wizard Probleemoplosser voor programmacompatibiliteit.

5 Een lijst met geïnstalleerde programma's wordt getoond. Selecteer het programma dat niet naar behoren functioneert en klik op **Volgende**.

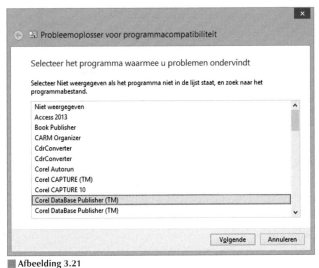

■ **Afbeelding 3.21**
Geef aan om welk programma het gaat.

6 Maak een keuze uit de opties die worden getoond. U kunt aanbevolen instellingen gebruiken, maar eventueel ook zelf problemen met het programma oplossen. Kies bijvoorbeeld de laatste optie.

7 Schakel het selectievakje **Het programma werkte in oudere versies van Windows maar kan nu niet worden geïnstalleerd of uitgevoerd** in en klik op Volgende.

8 Selecteer het besturingssysteem waarvoor het programma oorspronkelijk is ontworpen, of het besturingssysteem waarop u het programma eerder wel werkend kreeg (bijvoorbeeld Windows XP met Service Pack 3). Kijk eventueel op de verpakking van het programma en zoek naar de systeemeisen.

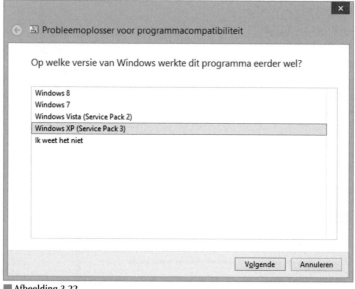

■ **Afbeelding 3.22**
Selecteer een compatibel besturingssysteem.

9 Klik op **Volgende**.

10 U kunt het programma nu testen. Mocht het programma nog niet werken, voer de stappen dan opnieuw uit en probeer andere instellingen of gebruik de aanbevolen instellingen.

11 Klik op **Volgende**.

12 In het venster dat nu verschijnt kunt u de instellingen voor de incompatibele toepassing opslaan. Sluit de wizard vervolgens.

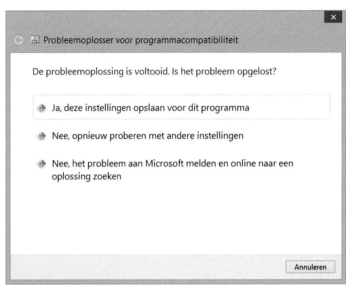

De probleemoplossing is voltooid. Is het probleem opgelost?

- Ja, deze instellingen opslaan voor dit programma

- Nee, opnieuw proberen met andere instellingen

- Nee, het probleem aan Microsoft melden en online naar een oplossing zoeken

Afbeelding 3.23
Sla de instellingen op.

 ## Eenmalig instellen

U hoeft de wizard voor een bepaald programma slechts eenmaal te doorlopen; daarna onthoudt Windows 8.1 zelf in welke compatibiliteitsmodus een programma moet worden uitgevoerd.

Hoofdstuk 4

Bestanden, mappen en bibliotheken

In de voorgaande hoofdstukken hebt u kennisgemaakt met termen als document, bibliotheek, bestand en map. In dit hoofdstuk gaan we wat dieper op deze materie in en kijken we hoe u uw werk in Windows 8.1 kunt organiseren. Mappen en bestanden spelen daar een belangrijke rol in.

Bestanden

De verzamelnaam voor documenten en programma's die u op de computer opslaat is 'bestanden'. Wanneer u een brief typt of muziek downloadt en u slaat dat op, gebeurt dat in een bestand. Programma's die u van internet ophaalt worden opgeslagen in een bestand. Maar ook de programmaonderdelen van Windows zelf staan in bestanden op de vaste schijf. Enfin, u begrijpt dat de term 'bestand' een belangrijke rol in Windows speelt.

Omdat uw computer tienduizenden en tienduizenden bestanden bevat (waarschijnlijk zelfs meer dan honderdduizend), slaat Windows die overzichtelijk op: in mappen. Bovendien kunt u meerdere mappen onderbrengen in bibliotheken. Voordat we in de volgende paragraaf meer over mappen en bibliotheken vertellen, kijken we echter eerst kort naar de bestanden.

Programmabestanden

Programmabestanden zijn eigenlijk helemaal niet zo interessant, maar u zult er toch regelmatig mee te maken krijgen. In het vorige hoofdstuk gebeurde dat al toen Google Earth werd geïnstalleerd. Hebt u er toen voor gekozen om de installatieprocedure op te slaan (in de map Downloads), dan vindt u het programmabestand (van de installatieprocedure) als volgt terug:

1 Druk op Win+E om Windows Verkenner te openen en klik links in de mappenstructuur op de map Downloads, of dubbelklik op het pictogram Downloads in de map zelf.

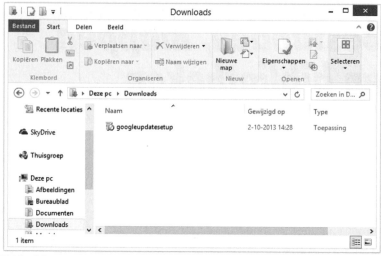

■ **Afbeelding 4.1**
De map Downloads met daarin de installatieprocedure van Google Earth.

Aan de map is niet erg veel te zien. U ziet als belangrijkste kenmerken de naam van de toepassing (googleupdatesetup), de grootte ervan en het type (toepassing). Als de kolom Type de tekst Toepassing weergeeft, is het een programma dat u kunt uitvoeren door erop te dubbelklikken.

 ## Extensies

'Onder de motorkap' werkt Windows met onzichtbare achtervoegsels die *extensies* worden genoemd. Aan de extensie herkent Windows om wat voor bestand het gaat. Extensies beginnen met een punt gevolgd door – meestal – drie tekens; programmabestanden hebben bijna altijd de extensie .exe. U kunt extensies desgewenst zichtbaar maken door in het mapvenster op het menu **Beeld** te klikken en de optie **Bestandsnaamextensies** in te schakelen. Is die optie niet zichtbaar, dan is het venster wellicht te smal kan het nodig zijn om eerst op de knop **Weergeven/verbergen** te klikken.

■ **Afbeelding 4.2**
Weergave met extensies.

Documenten

Veel interessanter dan programmabestanden zijn de bestanden die u zelf maakt: die noemen we vaak documenten. Documenten maakt u in een tekenprogramma, in een tekstverwerker of tijdens het chatten met een familielid, vriend of collega. Wanneer u documenten opslaat doet u dat in bestanden op de vaste schijf of in de cloud (SkyDrive).

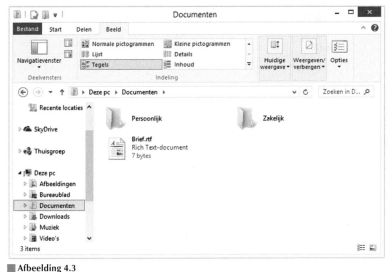

■ **Afbeelding 4.3**
Een map met documenten.

Aan de hand van de volgende eenvoudige procedure maakt u een klein document.

1 Druk op de Windows-toets om het startscherm te openen en tik de letters word. De optie WordPad verschijnt; klik hierop.

Het programma WordPad wordt geopend. WordPad is een eenvoudige tekstverwerker waarmee u boodschappenlijstjes, brieven, rapportjes en dergelijke kunt maken.

2 Typ wat tekst, bijvoorbeeld een boodschappenlijstje. Aan het eind van elke regel drukt u op Enter om een nieuwe regel te beginnen (zie het voorbeeld in afbeelding 4.4).

Wanneer u klaar bent kunt u het lijstje (= uw document) opslaan; dat gebeurt dan in een bestand.

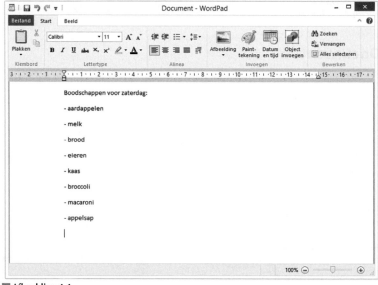

■ **Afbeelding 4.4**
Een boodschappenlijstje in WordPad.

3 Voer een van de volgende drie handelingen uit:

■ Klik op de blauwe knop (menu) **Bestand** linksboven en kies **Opslaan** in het menu dat verschijnt.

■ Klik op het diskettepictogram in de titelbalk. Dit pictogram heet **Opslaan**.

■ Druk op de toetsencombinatie Ctrl+S. De Ctrl-toets bevindt zich linksonder op het toetsenbord. Houd deze ingedrukt terwijl u op de S drukt.

Deze drie acties doen alle hetzelfde: ze openen het venster Opslaan als.

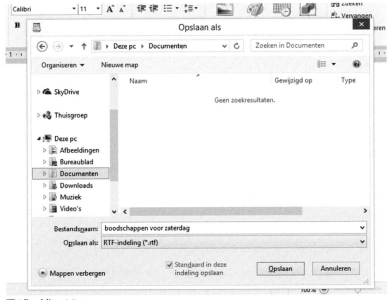

■ **Afbeelding 4.5**
Het venster Opslaan als.

4 Typ een naam voor het boodschappenlijstje, bijvoorbeeld `boodschappen voor zaterdag`.

5 Klik links in de mappenstructuur op **Documenten** om het bestand lokaal op uw pc of tablet op te slaan. Of klik op **SkyDrive** om het document op uw SkyDrive (in de cloud) op te slaan.

 Ongeldige tekens

U mag bijna alle tekens die u op het toetsenbord kunt vinden gebruiken in bestandsnamen. De volgende tekens dient u echter te vermijden: \ / : * ? " < > |

6 Druk op Enter of klik op **Opslaan**.

Twee smaken

Het venster Opslaan als is er in twee smaken: een grote versie (zoals te zien is in afbeelding 4.5) en een kleine versie, waarin geen mappen zichtbaar zijn. Klik linksonder in de grote versie op **Mappen verbergen** om het venster te verkleinen; ziet u de kleine versie en wilt u juist de grote versie gebruiken (aanbevolen), klik dan op **Door mappen bladeren**.

U hebt nu een document gemaakt in Windows 8.1. Dat is niet direct te zien, maar als u goed naar de titelbalk van het WordPad-venster kijkt, ziet u dat de naam van uw document in deze balk is verschenen.

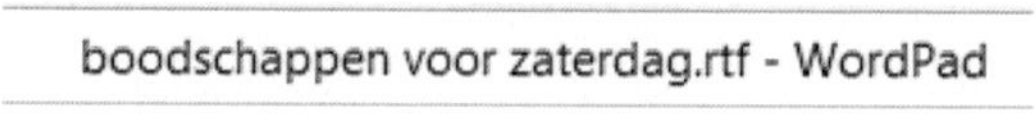

boodschappen voor zaterdag.rtf - WordPad

■**Afbeelding 4.6**
In de titelbalk staat de naam van het document.

Voordat u WordPad sluit kunt u het lijstje bijvoorbeeld afdrukken. Daartoe voert u een van de volgende handelingen uit:

■ Klik op **Bestand**, **Afdrukken**.

■ Druk op de toetsencombinatie Ctrl+P.

Het venster Afdrukken verschijnt waarin u op **Afdrukken** klikt om het document af te drukken.

Sluit WordPad nu door op de sluitknop rechtsboven te klikken. Of kies **Afsluiten** in het menu **Bestand** of druk op Alt+F4 (de functietoets aan de bovenkant van het toetsenbord).

Meerdere wegen

U ziet dat er vaak meerdere manieren zijn om hetzelfde te doen. Naarmate u meer met Windows werkt zult u een voorkeur voor bepaalde manieren ontwikkelen. Probeer echter af te wisselen om rsi (muisarm) te voorkomen.

En nu...?

Goed, het document is opgeslagen. Maar de vraag is natuurlijk: wáár is het opgeslagen? En hoe haalt u het document weer tevoorschijn? We gaan er in het volgende voorbeeld vanuit dat u het document niet op uw SkyDrive hebt opgeslagen, maar in de map Documenten.

Deze vragen zijn dus eenvoudig te beantwoorden. Het document bevindt zich in de map Documenten en u opent het door erop te dubbelklikken.

1 Druk op Win+E en dubbelklik op de map Documenten.

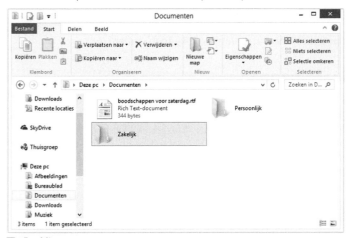

■ **Afbeelding 4.7**
De map Documenten met het boodschappenlijstje.

2 Dubbelklik op het document **boodschappen voor zaterdag**. Als de extensies nog zijn ingeschakeld heet het document **boodschappen voor zaterdag.rtf**.

WordPad wordt nu automatisch gestart en het boodschappenlijstje verschijnt weer op het scherm.

 Word wordt gestart

Als u Word (of een andere tekstverwerker) op uw computer hebt geïnstalleerd, zal dat programma in plaats van WordPad worden gestart. Wilt u het document toch met WordPad openen, klik dan met de rechtermuisknop op de naam van het document en kies **Openen met**, **WordPad**. Of start WordPad via het startscherm en kies **Bestand**, **Openen**, waarna u naar het document bladert.

Zolang u af en toe een documentje maakt, kunt u de bestanden uiteraard probleemloos in de map Documenten opslaan. Dat wordt echter lastiger wanneer u heel veel en ook heel veel verschillende soorten documenten maakt. In dat geval is het verstandig om met eigen mappen aan de slag te gaan.

Mappen

U kunt in Windows zelf mappen maken. Wanneer u regelmatig documenten maakt, of uw computer gebruikt om uw digitale foto's te beheren of uw muziekverzameling op te slaan, is het verstandig voldoende mappen te maken om het overzicht te bewaren. Want zeg nou zelf: als u thuis *al* uw spullen in één kast zonder planken en laatjes zou proppen, dan zou u toch nooit meer iets terug kunnen vinden?

Standaardmappen

Gelukkig neemt Windows een deel van het mappenwerk al voor zijn rekening. Zo las u eerder al dat u vanuit de taakbalk snel toegang hebt tot uw diverse soorten bestanden, zoals Muziek en Documenten. Dit is een begin, maar de indeling is natuurlijk veel te basaal. Als u al uw digitale foto's in één map zou plaatsen, wordt dat een enorme schoenendoos waarin al uw foto's door elkaar liggen.

Zelf mappen maken

U kunt zelf bepalen hoeveel mappen u maakt en hoe vaak u mappen binnen andere mappen maakt. Het is verstandig even na te denken voordat u aan de slag gaat, maar een indeling zou bijvoorbeeld kunnen zijn:

Documenten

- Persoonlijk
  - Huishoudboekje
  - Correspondentie
  - Recepten
- Zakelijk
  - Aangiften
  - Notaris
  - Kosten woning

Afbeeldingen

- Vakanties
  - Amerika
  - Disneyland Parijs
  - Mallorca

- Feestjes thuis
  - Dochter 12 jaar
  - Sinterklaas
  - Oudejaarsavond
  - Dochter 13 jaar
- Portretten
  - Familie
  - Vrienden

De map Muziek wordt over het algemeen ingedeeld in mappen van artiestennamen, waarbinnen zich mappen met cd's bevinden.

Uiteraard staat het u volledig vrij hoe u uw mappen indeelt. Het is echter verstandig om een logische indeling te kiezen die aansluit op uw dagelijkse gang van zaken. In de voorbeelden die nu volgen, houden we de indeling aan zoals die hiervoor is aangegeven.

Om binnen de map Documenten de mappen Persoonlijk en Zakelijk te maken gaat u als volgt te werk:

1 Als er nog geen map is geopend klikt u in de taakbalk op het pictogram Verkenner. Dubbelklik vervolgens op het pictogram **Documenten** om de map Documenten te openen.

Is er al wel een map geopend, klik dan in de mappenstructuur links onder **Deze pc** op **Documenten**.

2 Klik in het lint (tab **Start**) op **Nieuwe map**.

Of klik met de rechtermuisknop in een leeg deel van de map en kies **Nieuw**, **Map**.

Sneltoets: Ctrl+Shift+N

Het maken van een nieuwe map kan ook met een toetsencombinatie: Ctrl+Shift+N.

---

3 Typ een nieuwe naam voor de map, bijvoorbeeld `Persoonlijk` en druk op Enter. Voor de naamgeving van mappen geldt hetzelfde als voor de naamgeving van bestanden: de tekens \ / : * ? " < > | zijn niet toegestaan.

4 Herhaal de stappen 2 en 3, maar typ nu de naam `Zakelijk`.

U hebt nu twee nieuwe mappen gemaakt. Gebruik desgewenst de opties op de tab **Beeld** in het lint om de weergave te wijzigen.

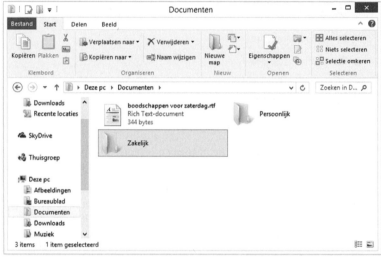

█ **Afbeelding 4.8**
De nieuwe mappen Zakelijk en Persoonlijk, gemaakt in de map Documenten.

Wilt u binnen de map Persoonlijk de mappen Huishoudboekje, Correspondentie en Recepten maken, ga dan als volgt te werk:

1 Dubbelklik op de map Persoonlijk om deze te openen. U kunt ook eenmaal op de mapnaam klikken en aansluitend op de knop **Openen** klikken (tab **Start** in het lint).

De inhoud van de map Persoonlijk verschijnt. De map is nog leeg.

2 Klik in het lint op **Nieuwe map**.

3 Typ een nieuwe naam voor de map, bijvoorbeeld Huishoudboekje en druk op Enter.

4 Klik in het lint op **Nieuwe map**.

5 Typ een nieuwe naam voor de map, bijvoorbeeld Correspondentie en druk op Enter.

6 Klik in het lint op **Nieuwe map**.

7 Typ een nieuwe naam voor de map, bijvoorbeeld Recepten en druk op Enter.

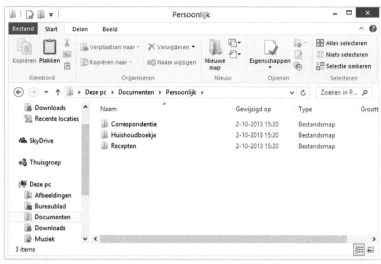

Afbeelding 4.9
De mappen Huishoudboekje, Correspondentie en Recepten gemaakt in de map Persoonlijk.

Als u naar de afbeelding kijkt, ziet u nu direct wat er aan de hand is: In de adresregel van het venster ziet u waar u zich bevindt: Deze pc ▸ Documenten ▸ Persoonlijk. Klik in deze regel op **Documenten** om naar het niveau Documenten terug te keren; u kunt ook links – in de mappen-structuur – op **Documenten** klikken. Als u binnen de map Persoonlijk op Huishoudboekje dubbelklikt wordt de map Huishoudboekje geopend en toont de adresregel Deze pc ▸ Documenten ▸ Persoonlijk ▸ Huis-houdboekje.

Oefening
Maak nu de mappenstructuur na zoals aangegeven aan het begin van deze paragraaf. Gebruik desgewenst eigen mapnamen.

Mappenstructuur

Nadat u een aantal mappen hebt gemaakt, is het wellicht handig om de structuur van de indeling zichtbaar te maken. Daartoe gebruikt u het navigatiepaneel links in het venster. Klik op het driehoekje voor Docu-menten. U kunt op driehoekjes blijven klikken: een uitgevouwen struc-tuur klapt dan in en een ingeklapte structuur vouwt uit.

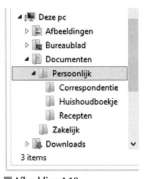

■ **Afbeelding 4.10**
Daar is de structuur.

De structuur wordt weergegeven zoals het overzicht aan het begin van deze paragraaf: ingesprongen mappen geven een nieuw niveau in de structuur aan. Als er een wit driehoekje voor een mapnaam staat, houdt dat in dat die map zelf ook mappen bevat (mappen in mappen worden vaak submappen genoemd). Klik op het driehoekje om de mappen zichtbaar te maken. Het witte driehoekje wordt zwart en gaat naar beneden wijzen. Klik op zo'n zwart driehoekje om de submappen weer te verbergen.

Dubbelklikken

U kunt op een map met een driehoekje ervoor dubbelklikken om de mappen daaronder te verbergen of te tonen.

Vanuit de structuur opent u een map (lees: maakt u de inhoud zichtbaar) door erop te klikken. Klik bijvoorbeeld op Documenten om het eerder gemaakte boodschappenlijstje weer zichtbaar te maken.

Opties

De navigatiestructuur heeft diverse opties die u kunt instellen. Eén ervan heet **Alle mappen weergeven** en heeft tot gevolg dat de structuurweergave meer op die van Windows Vista lijkt. Een andere heet **Uitvouwen in huidige map** en heeft tot gevolg dat de structuur automatisch uitvouwt naar de map de u hebt geopend. De optie **Favorieten weergeven** installeert een categorie met favoriete locaties, die u zelf kunt uitbreiden: open een map die u vaak gebruikt, klik met de rechtermuisknop op de categorie **Favorieten** en kies **Huidige locatie aan Favorieten toevoegen**. U schakelt de opties in en uit door met de rechtermuisknop in een leeg deel (!) van de navigatiestructuur te klikken en op de gewenste optie te klikken.

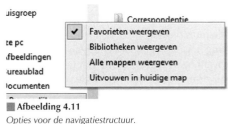

■ **Afbeelding 4.11**
Opties voor de navigatiestructuur.

Documenten in mappen opslaan

Uiteraard hebben mappen pas zin als u er wat mee doet. Voordat u dadelijk een tweede document maakt, kijken we eerst hoe u documenten die niet in de juiste map staan, alsnog in de juiste map plaatst. De boodschappenlijst verplaatst u bijvoorbeeld naar de map Huishoudboekje.

1 Klik in de structuur op de map Documenten om de inhoud zichtbaar te maken; u ziet nu (onder andere) het boodschappenlijstje.

2 Klik indien nodig in de structuur op het driehoekje bij de map Documenten zodat de mappen Persoonlijk en Zakelijk zichtbaar zijn.

3 Klik in de structuur op het driehoekje bij de map Persoonlijk zodat de mappen Correspondentie, Huishoudboekje en Recepten zichtbaar zijn.

4 Sleep het bestand **boodschappen voor zaterdag** vanuit het mapvenster boven op de map Huishoudboekje.

Zodra de aanwijzer boven de map zweeft verschijnt de tekst Verplaatsen naar Huishoudboekje. Laat de muisknop op dat moment los.

5 Controleer de map Documenten en zie dat het bestand is verdwenen. Klik in de structuur nu op de map Huishoudboekje om het bestand weer zichtbaar te maken.

 Verkeerd verplaatst?

Hebt u de muisknop boven een verkeerde map losgelaten en kunt u het bestand niet meer terugvinden? Druk dan op Ctrl+Z om het verplaatsen ongedaan te maken en het boodschappenlijstje terug te verplaatsen naar de oorspronkelijke locatie.

Werkbalk Snelle toegang

Wilt u een handeling met de muis ongedaan kunnen maken? Open dan het menu **Snelle toegang** door op het naar beneden wijzende zwarte pijltje in de linkerbovenhoek van de titelbalk van het venster te klikken. Er verschijnen nu diverse opdrachten, waaronder **Ongedaan maken**. Als u een opdracht selecteert, wordt deze aan de werkbalk Snelle toegang (links van het pijltje) toegevoegd, zodat u er snel toegang toe hebt.

Afbeelding 4.12

Ongedaan maken (het blauwe pijltje) is aan de werkbalk Snelle toegang toegevoegd.

In de volgende oefening typt u een korte brief die u direct in de map Persoonlijk ▶ Correspondentie plaatst.

1 Start WordPad, zoals is besproken op pagina 72.

2 Typ wat tekst, bijvoorbeeld een korte brief. U hoeft aan het eind van een regel niet op Enter te drukken, want WordPad gaat automatisch op de volgende regel verder.

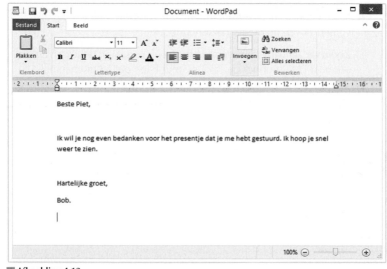

Afbeelding 4.13

Een korte brief.

3 Sla de brief op de gewenste wijze op. Klik bijvoorbeeld op het diskettepictogram linksboven in de titelbalk.

Het venster Opslaan als verschijnt. Als het venster linksonder de tekst
Door mappen bladeren bevat, klik hier dan op om het venster te vergroten.

4 Typ een naam voor de brief, bijvoorbeeld `bedankje piet`. Druk nog
niet op Enter.

Als u het venster Opslaan als bekijkt, ziet u een aantal zaken die met
mappen te maken hebben. U kunt de mappenstructuur of de adresregel gebruiken om naar een bepaalde map te bladeren, maar veel
eenvoudiger is het om de gewenste map rechtstreeks te openen.

5 Dubbelklik in het venster op de map **Persoonlijk**.

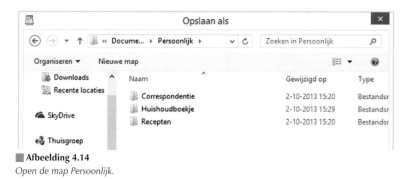

▓ **Afbeelding 4.14**
Open de map Persoonlijk.

6 Dubbelklik op de map **Correspondentie**.

7 Klik op **Opslaan**.

Het document is nu opgeslagen in de door u gewenste map. U kunt het
op de – inmiddels – bekende manier zichtbaar maken, openen of verplaatsen.

▓ Bibliotheken gebruiken

Om het overzicht op bestanden die op verschillende schijfstations zijn
opgeslagen te vereenvoudigen, heeft Microsoft het concept *bibliotheek*
geïntroduceerd. Een bibliotheek bevat zelf geen documenten, maar
slechts verwijzingen naar mappen die u in die bibliotheek wilt opnemen;
de bestanden die in de aan de bibliotheek toegevoegde mappen staan
verschijnen daarmee vanzelf in de bibliotheek. Met de eerder in dit boek

besproken opties voor sorteren en rangschikken kunt u de inhoud van een bibliotheek rubriceren.

 ## Bibliotheken zichtbaar maken

Bibliotheken in Windows 8.1 zijn standaard niet meer zo prominent aanwezig als in Windows 7 en Windows 8. Om de lijst met bibliotheken in de navigatiestructuur zichtbaar te maken klikt u met de rechtermuisknop in een leeg deel van de navigatiestructuur en kiest u **Bibliotheken weergeven**. Een ingeschakeld vinkje voor de opdracht geeft aan dat de bibliotheken zichtbaar zijn. Wanneer u bibliotheken zichtbaar hebt gemaakt, zal een klik op de knop Verkenner (of het indrukken van Win+E) standaard de map Bibliotheken tonen. Zijn bibliotheken niet zichtbaar, dan wordt standaard de map Deze pc getoond. Ook dat is nieuw in Windows 8.1.

■ **Afbeelding 4.15**
Bibliotheken weergeven.

Het is belangrijk dat u zich realiseert dat een bibliotheek eigenlijk 'niets' is; u kunt een bibliotheek verwijderen, maar daarmee verwijdert u niet de mappen (en de bestanden) die daarin staan. Het enige wat u weggooit is het 'lijstje' met mappen waaruit de bibliotheek is opgebouwd. Hebt u per ongeluk een van de standaardbibliotheken (zoals Muziek of Afbeeldingen) verwijderd, wanhoop dan niet: klik in de navigatiestructuur met de rechtermuisknop op **Bibliotheken** en kies de opdracht **Standaardbibliotheken herstellen**.

■ **Afbeelding 4.16**
Een standaardbibliotheek herstellen.

Bibliotheken bewijzen hun nut bij grote verzamelingen bestanden die op verschillende locaties worden bewaard. Heeft uw computer meerdere schijfstations (intern of extern), dan is het niet ondenkbaar dat foto's of muziekbestanden op verschillende plekken zijn opgeslagen. Voegt u die locaties toe aan een bestaande of eigen bibliotheek, dan hebt u zo snel toegang tot deze 'versnipperde' bestanden.

Bibliotheken uitbreiden

Om een map aan een bestaande bibliotheek toe te voegen gaat u als volgt te werk:

1 Sluit eventueel geopende vensters en klik in de taakbalk op de knop Verkenner.

2 Open de gewenste bibliotheek door er in de navigatiestructuur op te klikken (bijvoorbeeld Afbeeldingen). In de statusbalk onderin ziet u het aantal locaties dat in de bibliotheek is opgenomen.

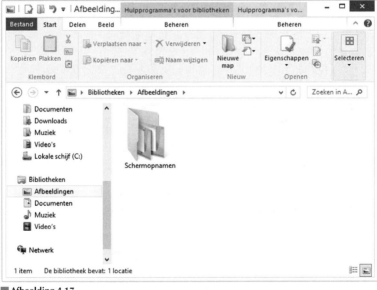

■ **Afbeelding 4.17**
De bibliotheek Afbeeldingen.

3 Klik op de tab **Beheren**, onder de kop **Hulpprogramma's voor bibliotheken** en klik op **Bibliotheek beheren**, geheel links in het lint.

Het venster Locaties voor bibliotheek verschijnt.

4 Klik op de knop **Toevoegen**. Het venster Map opnemen verschijnt waarin u – op de inmiddels bekende wijze – naar een map kunt bladeren; gebruik **Deze pc** in de navigatiestructuur om naar een map op een willekeurige schijf te bladeren.

5 Is de gewenste map geopend, klik dan op **Map opnemen**. De door u geselecteerde map wordt aan de lijst Bibliotheeklocaties toegevoegd.

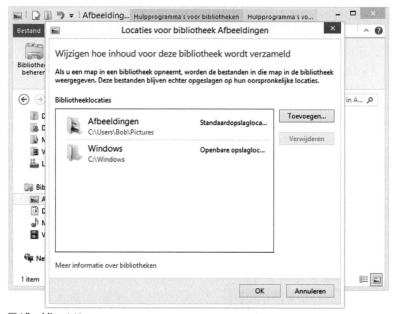

Afbeelding 4.18

Het venster Locaties voor bibliotheek met een zelf toegevoegde locatie (map).

6 Herhaal de voorgaande twee stappen desgewenst om meer mappen aan de bibliotheek toe te voegen. Klik op **OK** wanneer u alle mappen hebt toegevoegd.

Vervolgens zal Windows de informatie uit de map aan de bibliotheek toevoegen. Wanneer u bestanden aan de onderliggende mappen toevoegt of eruit verwijdert, dan zal dat in de bibliotheek zichtbaar zijn.

Wat opvalt is dat Windows de bestanden per map groepeert. Dat kan handig zijn, maar als u alles liever 'op één hoop' gooit, dan kan dat ook: klik dan met de rechtermuisknop in een leeg deel van de bibliotheek en kies **Groeperen op**, **Geen**. De bestanden worden nu als stonden ze in één map weergegeven. Stelt u toch prijs op de groepering per map, klik

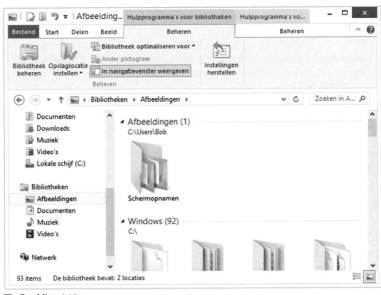

■ **Afbeelding 4.19**
Informatie uit de toegevoegde map verschijnt in de bibliotheek.

dan weer met de rechtermuisknop in een leeg gedeelte van de bibliotheek en kies **Rangschikken op**, **Wijzigingen ongedaan maken**.

Locaties verwijderen

Uiteraard is het ook mogelijk om locaties uit een bibliotheek te verwijderen. Ga daartoe als volgt te werk:

1 Klik in het lint op **Bibliotheek beheren** (tab **Beheren, Hulpprogramma's voor bibliotheken**).

Het venster Locaties voor bibliotheek verschijnt.

2 Selecteer de gewenste locatie in de lijst Bibliotheeklocaties en klik op
de knop **Verwijderen**. Herhaal deze stap voor alle locaties die u uit de
bibliotheek wilt verwijderen.

3 Sluit het venster door op **OK** te klikken.

Uiteraard verwijdert u de mappen (en hun inhoud) *niet* met deze handeling; de mappen maken enkel niet langer onderdeel van de bibliotheek
uit.

Eigen bibliotheken

Uiteraard hoeft u zich niet tot de standaardbibliotheken te beperken, maar kunt u ook zelf bibliotheken aanleggen. Dit gaat het eenvoudigst vanuit het venster Bibliotheken, dat u opent door in de navigatiestructuur op **Bibliotheken** te klikken. Om een nieuwe bibliotheek te maken gaat u als volgt te werk:

1 Klik in het lint (tab **Start**) op de knop **Nieuw item** en klik op **Biblio-theek**.

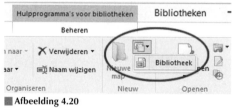

■ **Afbeelding 4.20**
De knop Nieuw item.

2 Typ een naam voor de bibliotheek en druk op Enter.

3 Open de bibliotheek door erop te dubbelklikken.

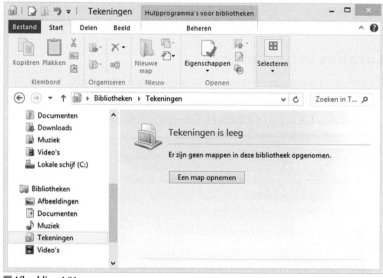

■ **Afbeelding 4.21**
Een eigen bibliotheek.

Aangezien de bibliotheek direct na het maken ervan nog geen toegevoegde locaties bevat, verschijnt de melding dat uw nieuwe bibliotheek
nog leeg is. Klik op de knop **Een map opnemen** om mappen aan uw
nieuwe bibliotheek toe te voegen.

Bibliotheken verwijderen

Bibliotheken die u niet meer nodig hebt, kunt u eenvoudig verwijderen:
klik in de navigatiestructuur met de rechtermuisknop op de naam van de
bibliotheek en klik in het menu dat verschijnt op **Verwijderen**. Ook kunt
u in dit menu de naam van een bibliotheek wijzigen.

Standaardopslaglocatie

Omdat een bibliotheek doorgaans meerdere mappen bevat, zal het
kopiëren of verplaatsen van een bestand naar een bibliotheek naar een
vooraf gedefinieerde map in de bibliotheek moeten gebeuren. Dit
wordt de *standaardopslaglocatie* genoemd: als u een bestand in een
bibliotheek plaatst, wordt het altijd in de map geplaatst die als standaardopslaglocatie is gedefinieerd. U past deze locatie aan via de knop
Opslaglocatie instellen op de tab **Beheren**.

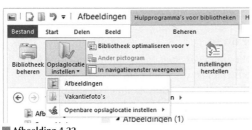

■ **Afbeelding 4.22**
Standaardopslaglocatie aanpassen.

■ Beheer

De titel van deze paragraaf klinkt wellicht een beetje intimiderend, maar
dat valt gelukkig wel mee; te meer omdat een deel van de beheertaken
de revue al is gepasseerd. Bij beheer moet u denken aan:

■ verwijderen

■ verplaatsen

■ kopiëren

■ naam wijzigen

Deze taken gelden overigens zowel voor mappen als voor bestanden, en in veel gevallen ook voor bibliotheken.

Bestanden en mappen verwijderen

Ga als volgt te werk om een bestand of map te verwijderen:

1 Zoek – bijvoorbeeld met behulp van de structuur of door de juiste mappen te openen – de map of het bestand dat u wilt verwijderen.

2 Voer een van de volgende handelingen uit:

■ Sleep het item naar de prullenbak.

■ Klik met de rechtermuisknop op het item en kies **Verwijderen**.

■ Selecteer het item en druk op de knop Delete.

In alle gevallen wordt het verwijderde item in de prullenbak geplaatst.

Inhoud ook weg

Let op: als u een map verwijdert waarin zich submappen en/of documenten bevinden, verwijdert u die submappen en documenten eveneens!

Prullenbak overslaan

Wilt u een document of map *definitief* verwijderen zonder het in de prullenbak te plaatsen? Dat kan door het item met ingedrukte Shift-toets naar de prullenbak te slepen, door op Shift+Delete te drukken of door Shift ingedrukt te houden wanneer u in het snelmenu op **Verwijderen** klikt. In de laatste twee gevallen krijgt u eerst een waarschuwing. Maar daarna geldt: weg is dan écht weg!

Waarschuwing herstellen

In eerdere versies van Windows verscheen een melding als u een item in de prullenbak plaatste; deze waarschuwing wordt nu niet langer gegeven. Vindt u het prettig om deze waarschuwing toch te krijgen, klik dan met de rechtermuisknop op de prullenbak en kies **Eigenschappen**. In het venster Eigenschappen van Prullenbak schakelt u vervolgens de optie **Vragen om bevestigen bij verwijderen** in.

Items uit de prullenbak terugzetten

De prullenbak is niets meer dan een speciale map in Windows 8.1.
U kunt de inhoud bekijken door op het pictogram van de prullenbak te
dubbelklikken, dat zich op het bureaublad bevindt.

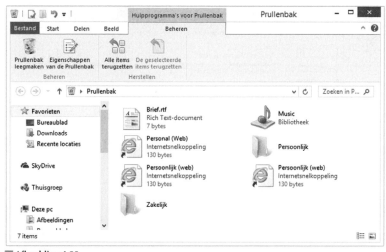

Afbeelding 4.23
De inhoud van de prullenbak.

In de prullenbak ziet u items die verwijderd zijn. Wilt u een item terugzetten, klik er dan op en klik op de knop **De geselecteerde items terugzetten** in het lint. Wilt u alle items terugzetten, klik dan op **Alle items
terugzetten**.

Prullenbak legen

De prullenbak is niet oneindig groot; op een gegeven moment zullen de
oudste items definitief worden verwijderd. U kunt de grootte van de prullenbak desgewenst wijzigen door in de map Prullenbak op **Eigenschappen van de Prullenbak** te klikken.

Als u zelf invloed op de inhoud van de prullenbak wilt uitoefenen, kunt u
ervoor kiezen de prullenbak geheel of gedeeltelijk te legen.

■ Om de prullenbak volledig te legen klikt u in de map Prullenbak op
de knop **Prullenbak leegmaken** in het lint.

■ Om selectief items uit de prullenbak te verwijderen selecteert u het gewenste item en drukt u op Delete of u klikt met de rechtermuis-knop op het item en kiest **Verwijderen**.

In beide gevallen verschijnt er een venster dat u om bevestiging vraagt.

■ **Afbeelding 4.24**
Weet u het zeker?

 ### Snel de prullenbak legen

Klik met de rechtermuisknop op het pictogram **Prullenbak** op het bureaublad en kies **Prullenbak leegmaken**. Zo kunt u de prullenbak snel leegmaken zonder dat u deze eerst hoeft te openen. U wordt wel nog om een bevestiging gevraagd.

Items verplaatsen

Eerder in dit hoofdstuk hebben we gezien hoe u bestanden verplaatst: door ze eenvoudigweg op een andere map te slepen. Mappen zélf wor-den op identieke wijze verplaatst. Wilt u bij nader inzien de map Kosten woning naar de map Persoonlijk verplaatsen, dan gaat u als volgt te werk:

1 Open de map **Documenten**.

2 Dubbelklik op de map **Zakelijk**.

3 Maak de structuur – indien nodig – zichtbaar en zorg dat de map Persoonlijk in de structuur zichtbaar is.

4 Sleep de map Kosten woning boven op de map Persoonlijk.

5 Laat de muisknop los.

De map is nu verplaatst.

U kunt de map overigens eenvoudig terugplaatsen door hem vanuit de structuur terug in het mapvenster te slepen.

Items kopiëren

Met regelmaat zult u mappen en bestanden willen kopiëren. Stel dat u
het eerder gemaakte bedankje aan Piet ook aan Karel wilt sturen. U kunt
dan een volledig nieuwe brief schrijven, maar makkelijker is het om eerst
een kopie van de brief aan Piet te maken en die aan te passen voor Karel.
Ga als volgt te werk:

1 Open de map Correspondentie.

2 Sleep – binnen het venster – het bestand **bedankje piet** naar een leeg
gedeelte terwijl u de Ctrl-toets ingedrukt houdt.

Bij de aanwijzer verschijnt een plus en de tekst Kopiëren naar
Correspondentie.

3 Laat de muisknop en de Ctrl-toets los. Er staan nu twee bestanden in
de map Correspondentie.

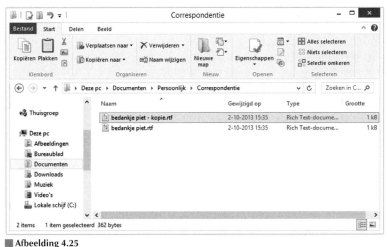

Afbeelding 4.25
Het bedankje is gekopieerd.

Zoals u ziet is de naam van de kopie **bedankje piet - kopie** geworden.
Daar doen we in de volgende paragraaf wat aan.

 Ook naar andere mappen

Sleep een document met ingedrukte Ctrl-toets naar een andere map
en de kopie wordt in een andere map geplaatst. De naam wordt dan
echter *niet* gewijzigd.

De naam van items wijzigen

Om de naam van een bestand (of map) te wijzigen staan u wederom verschillende middelen ter beschikking. In de volgende procedure wijzigt u de naam van **bedankje piet - kopie** in **bedankje karel**.

1 Klik – als het nog niet is geselecteerd – eenmaal op het bestand **bedankje piet - kopie** zodat het wordt geselecteerd.

2 Voer nu een van de volgende handelingen uit:

■ Klik in het lint (tab **Start**) op **Naam wijzigen**.

■ Druk op de functietoets F2.

■ Klik nogmaals op de naam van het bestand.

In alle gevallen wordt de naam bewerkbaar en kunt u een nieuwe naam invoeren. Sluit af met een druk op Enter.

Naam

 bedankje piet.rtf

■ **Afbeelding 4.26**
De naam wordt gewijzigd.

Pas op met extensies

Als de extensies van bestanden nog steeds zichtbaar zijn, dient u er rekening mee te houden dat u die *niet* mag wijzigen. Anders weet Windows niet meer om wat voor type bestand het gaat. Wijzigt u de extensie per ongeluk wél, dan waarschuwt Windows u hiervoor.

■ **Afbeelding 4.27**
Pas op met extensies.

Verplaatsen en kopiëren naar andere stations

Microsoft probeert het de gebruiker zo makkelijk mogelijk te maken.
Daarbij verwacht Windows 8.1 bijvoorbeeld dat wanneer u een document van de map Zakelijk naar de map Persoonlijk sleept, dat u het
bestand wilt verplaatsen; wilt u het bestand kopiëren, dan gebruikt u de
Ctrl-toets. Anders wordt het echter wanneer u een bestand van het ene
station naar het andere station sleept (bijvoorbeeld van de ene vaste schijf
naar de andere, of vanaf een USB-stick of geheugenkaartje naar de vaste
schijf). In dat geval zal Windows de bestanden automatisch voor u
kopiëren; u ziet dat aan de tekst die bij de aanwijzer verschijnt. Wilt u
een bestand van het ene station naar het andere verplaatsen, houd dan
de Shift-toets tijdens het slepen ingedrukt.

Selecteren

In dit hoofdstuk is met enige regelmaat de term selecteren gevallen.
Selecteren doet u over het algemeen door op een item te klikken.
Windows biedt echter ook de mogelijkheid om meerdere items (bijvoorbeeld: bestanden) te selecteren: nadat u een item hebt geselecteerd, klikt u met ingedrukte Ctrl-toets op een tweede item; dit tweede
item wordt dan eveneens geselecteerd. Hier kunt u net zolang mee
doorgaan als u wenst. Wilt u een rij opeenvolgende items selecteren
dan kan het nog eenvoudiger: klik op het eerste item en klik met ingedrukte Shift-toets op het laatste item; alle items van het eerste tot en
met het laatste worden nu geselecteerd.

De volgende procedure beschrijft hoe u een aantal foto's van een geheugenkaartje van een digitale camera naar de map Afbeeldingen kopieert.
Daarbij gaan we ervan uit dat uw computer over een kaartlezer beschikt.

1 Plaats de geheugenkaart in de kaartlezer.

2 Rechtsboven in het scherm verschijnt een melding. Klik hierop en
selecteer de optie **Map en bestanden weergeven**. De inhoud van de
kaart wordt getoond. Het kan ook zijn dat de map van de kaart direct
wordt geopend.

3 Open – indien nodig – de map met afbeeldingen op de kaart. Vaak
heet die map DCIM.

4 Klik met ingedrukte Shift-toets op de knop **Verkenner** in de taakbalk.
De map Deze pc of Bibliotheken wordt in een tweede venster geopend. Open in dit venster de bibliotheek of de map Afbeeldingen.

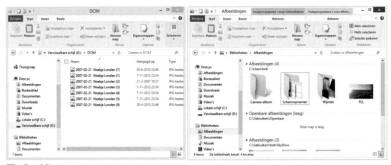

Afbeelding 4.28

De twee mappen naast elkaar.

5 Selecteer in de map met foto's een of meer afbeeldingen, met behulp van de toetsen Ctrl of Shift. Druk desgewenst op Ctrl+A om alle foto's te selecteren.

6 Plaats de muisaanwijzer op een van de geselecteerde afbeeldingen en sleep deze naar de map of bibliotheek Afbeeldingen. U zult zien dat alle andere geselecteerde afbeeldingen worden 'meegenomen'.

De map Afbeeldingen is niet meer zichtbaar

Als de map Afbeeldingen onverhoopt *onder* de map met foto's verdwijnt, dan is er geen man overboord. Uiteraard kunt u de vensters verplaatsen, maar Windows 8.1 kent nog een ander handig trucje. Sleep de foto's naar de *knop* **Windows Verkenner** op de taakbalk (laat de muisknop niet los!) en vervolgens naar de miniatuur van de map Afbeeldingen, wacht even en de map Afbeeldingen wordt automatisch bovenop gelegd. Vervolgens sleept u verder naar de map Afbeeldingen en laat daar de muisknop los.

De map verschijnt niet

Als er geen melding verschijnt wanneer u de kaart plaatst en de map wordt ook niet automatisch geopend, druk dan op Win+E en dubbelklik op het pictogram van de kaartlezer in de map Deze pc. De hoofdmap van het geheugenkaartje wordt nu geopend.

■ Snelkoppelingen

Eerder in dit boek is de term *snelkoppeling* al even gevallen. Een snelkoppeling is een pictogram dat snel toegang tot een bepaald bestand geeft; dat kan een programma zijn, maar ook een document of zelfs een map.

U kunt snelkoppelingen overal plaatsen en een veelgebruikte locatie is
het bureaublad. Stel dat u een groot aantal brieven moet schrijven, dan
kunt u snelkoppelingen naar de map Correspondentie op het bureaublad
maken. Dubbelklikken op de snelkoppeling is dan voldoende om de map
te openen.

U maakt als volgt een snelkoppeling naar de map Correspondentie.

1 Open de map **Documenten**.

2 Dubbelklik op de map **Persoonlijk**.

3 Klik met de rechtermuisknop op de map Correspondentie en kies
Snelkoppeling maken.

Er verschijnt een extra bestand in de map Persoonlijk met de naam
Correspondentie - snelkoppeling. Dit is de snelkoppeling.

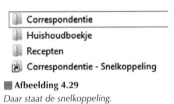

Correspondentie
Huishoudboekje
Recepten
Correspondentie - Snelkoppeling

■ Afbeelding 4.29
Daar staat de snelkoppeling.

4 Sleep de snelkoppeling vanuit de map naar het bureaublad.

U kunt de map Correspondentie nu razendsnel openen door op de snelkoppeling te dubbelklikken. U kunt de snelkoppeling – zoals ieder ander
bestand – een andere naam geven, verplaatsen of verwijderen.

Snelkoppeling verwijderen

Wanneer u de snelkoppeling verwijdert, verwijdert u niet het onderliggende item. Met andere woorden: als u de snelkoppeling naar de map
Correspondentie verwijdert, verwijdert u alleen de snelkoppeling, maar
niet de map Correspondentie zelf.

Een snelkoppeling naar een programma maakt u als volgt:

1 Open het startscherm.

2 Zoek in het startscherm naar de tegel van het programma waarvan u
een snelkoppeling wilt maken.

3 Klik met de rechtermuisknop op de tegel van het programma en kies
Bestandslocatie openen in de appbalk.

De map met de snelkoppeling naar het gewenste programma wordt nu geopend en de snelkoppeling wordt automatisch geselecteerd.

4 Sleep de geselecteerde snelkoppeling naar het bureaublad. De tekst bij de aanwijzer geeft aan dat u het item verplaatst en dat is niet de bedoeling. Druk dus op Ctrl om er een kopieeractie van te maken.

5 Laat de muisknop los en laat aansluitend de Ctrl-toets los.

U hebt nu een kopie van de snelkoppeling op het bureaublad gezet. Omdat het startscherm zélf uit snelkoppelingen bestaat, is de kopie ook een snelkoppeling.

Snelkoppeling naar bibliotheek Documenten

U maakt snel een snelkoppeling naar de bibliotheek Documenten op het bureaublad door in een Verkenner-venster met de rechtermuis-knop op de bibliotheek **Documenten** te klikken. Kies vervolgens **Kopiëren naar** gevolgd door **Bureaublad (snelkoppeling maken)**.

Documenten -
Snelkoppeling

■ **Afbeelding 4.30**
Zo maakt u snel een snelkoppeling naar de bibliotheek Documenten.

De map Bureaublad

Zonder de zaak ingewikkelder te willen maken dan strikt noodzakelijk is, is het goed om te weten dat het bureaublad zelf – onder de motorkap van Windows 8.1 – óók een map is. In het Verkenner-venster kunt u de map terugvinden in de categorie Favorieten (is deze categorie niet zicht-baar, klik dan met de rechtermuisknop in een leeg deel van de mappen-structuur en kies **Favorieten weergeven**). Als u op de map **Bureaublad** klikt, ziet u de inhoud van deze map; hebt u al snelkoppelingen op het bureaublad geplaatst, dan ziet u die hier eveneens staan.

De reden dat we dit hier melden, is dat u het bureaublad dus als gewone map kunt beschouwen. U kunt er submappen in maken en bestanden in opslaan. U kunt ook bestanden vanuit een willekeurige map naar het bureaublad kopiëren of verplaatsen. Het is een goede gewoonte om be-standen op een centrale plaats te bewaren (bijvoorbeeld de map Docu-menten in de bibliotheek Documenten), maar soms kan het handig zijn

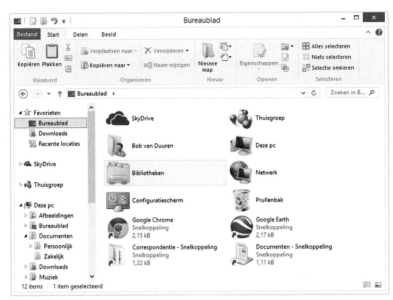

■ **Afbeelding 4.31**
De map Bureaublad.

om iets op het bureaublad te parkeren (zoals bijvoorbeeld snelkoppelingen).

Om een map op het bureaublad te maken, drukt u op Ctrl+Shift+N. Of u gaat u als volgt te werk:

1 Klik met de rechtermuisknop op een leeg gedeelte van het bureaublad.

2 Klik op **Nieuw**, **Map** in het snelmenu dat verschijnt.

3 Typ een naam voor de nieuwe map en druk op Enter.

U ziet: niets nieuws onder de zon.

Wilt u vanuit een programma iets op het bureaublad opslaan (of in een map die u op het bureaublad hebt gemaakt), dan gaat u als volgt te werk:

1 Open in het programma (bijvoorbeeld WordPad) het venster **Opslaan als**.

2 Klik in de lijst Favorieten op **Bureaublad**. Eventueel gemaakte mappen op het bureaublad zijn eveneens in de structuur zichtbaar.

3 Typ een naam voor het document in het vak **Bestandsnaam** en klik op **Opslaan**.

Snelkoppelen met de Alt-toets

Er is nog een alternatieve manier om een snelkoppeling naar een bestand te maken; daarvoor gebruikt u de Alt-toets, die zich links naast de spatiebalk bevindt:

1 Sleep een bestand naar een nieuwe locatie (dat mag binnen dezelfde map zijn) terwijl u de Alt-toets ingedrukt houdt.

Bij de aanwijzer verschijnt de melding dat u een koppeling maakt.

2 Laat de muisknop los en laat aansluitend de Alt-toets los.

De snelkoppeling is nu gemaakt. En zoals u nu wellicht ook opvalt: er staat een krompijltje in het pictogram! Zo herkent u een snelkoppeling gemakkelijk.

■ Bestanden zoeken

Naarmate u uw computer langer gebruikt en u meer documenten maakt, foto's neemt of muziek downloadt, zal het (snel) terugvinden van bepaalde documenten steeds lastiger worden – zeker als u het werk niet een beetje organiseert. Toch hoeft u niet te wanhopen, want Windows biedt allerlei hulpmiddelen om bestanden snel te lokaliseren.

Om een bestand te zoeken gaat u als volgt te werk:

1 Druk op Win+F (*find*).

2 Typ een zoekwoord in het zoekvak van de charm Zoeken die wordt geopend.

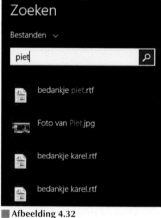

■ **Afbeelding 4.32**
Zoekresultaten op het scherm.

3 Wijzig het filter **Overal** indien nodig in **Bestanden**.

4 Druk op Enter.

Windows geeft u een overzicht van bestanden die het zoekwoord in de naam hebben. In bepaalde gevallen (zoals bij tekstdocumenten) geeft Windows ook bestanden weer die het zoekwoord *in* de tekst hebben staan! Zie bijvoorbeeld het bestand **bedankje karel.rtf** in de afbeelding.

Hebt u het bestand gevonden dat u zocht, dan hebt u nu twee mogelijkheden:

■ Klik op het bestand om het te openen; een document wordt geopend in het programma waarin het is gemaakt, een liedje wordt afgespeeld en een foto wordt geopend in de app Foto's.

■ Klik met de rechtermuisknop op het bestand om de appbalk te openen en klik op **Bestandslocatie openen** om de map te openen waarin het gevonden bestand zich bevindt.

Zoeken in een map

Hebt u een Verkenner-venster geopend, dan kunt u ook gebruikmaken van het zoekvak dat zich rechtsboven in het venster bevindt. Maar let op: er wordt dan alleen in die map en in eventuele submappen gezocht. Voert u een zoekwoord in terwijl de bibliotheek Documenten is geopend, dan worden er geen liedjes in de bibliotheek Muziek gevonden.

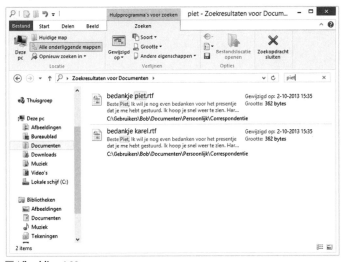

■ **Afbeelding 4.33**

Zoeken in een map.

De hele computer doorzoeken?

Klik links in het lint op **Deze pc** om de gehele computer te doorzoeken. Omdat Windows standaard niet de complete vaste schijf
indexeert, zal zo'n zoekopdracht lang kunnen duren. U kunt de index-
locaties aanpassen via de opdracht **Geavanceerde opties**,
Geïndexeerde locaties wijzigen in het lint.

Zoekactie opslaan

Indien u in een map of bibliotheek zoekt, kunt u de zoekactie opslaan.
Klik daartoe in het lint (tab **Zoeken**) op de knop **Zoekactie opslaan**.
Uw zoekwoord wordt aan de categorie Favorieten toegevoegd. Let op:
de zoekopdracht wordt opgeslagen, niet het resultaat. Als er dus bestanden worden toegevoegd die aan de zoekvoorwaarde voldoen en u
klikt later in de categorie Favorieten nogmaals op uw zoekactie, dan
zult u de nieuwe bestanden in het zoekresultaat terugvinden. Handig!
En als altijd kunt u de zoekactie verwijderen door er met de rechtermuisknop op te klikken en **Verwijderen** te kiezen.

Hoofdstuk 5

Basisvoorzieningen

*Windows 8.1 is voorzien van een groot aantal basisvoorzieningen
die het dagelijkse werk veraangenamen. U moet hierbij denken aan
bureau-accessoires in de vorm van een rekenmachine, een eenvoudig tekenprogramma, een kladblokje en een programma om knip-
sels mee te maken. Maar ook staan diverse apps ter beschikking die
u in contact met de buitenwereld houden. In dit hoofdstuk maakt
u kort kennis met deze accessoires en apps. Maar belangrijker is
nog wel dat u in dit hoofdstuk het klembord van Windows leert
kennen. Met het klembord wisselt u gegevens tussen programma's
uit.*

▌ Bureau-accessoires

In het eerste deel van dit hoofdstuk behandelen we enkele van de
programma's die in de bureaubladomgeving werken, zoals de rekenmachine en WordPad. Inmiddels weet u hoe u programma's vanuit het
vernieuwde startscherm opent, en als u een programma regelmatig
gebruikt, doet u er verstandig aan een tegel aan het startscherm toe te
voegen. Uiteraard kunt u ook een snelkoppeling op het bureaublad plaatsen of het programma vastmaken aan de taakbalk, zoals u eerder in dit
boek hebt geleerd.

Rekenmachine

De rekenmachine is de softwarevariant van het apparaatje dat doorgaans
op uw bureau ligt. En u zult zien: net als u die nodig hebt is een collega
of gezinslid ermee vandoor, of zijn de batterijen op. Dan is het goed om
te weten dat Windows over een zeer complete rekenmachine beschikt.

1 Open het startscherm en typ de letters **rek**; de knop van de rekenmachine verschijnt.

2 Klik op **Rekenmachine**.

■ **Afbeelding 5.1**
Daar is de rekenmachine.

De rekenmachine ziet er nogal basaal uit, maar schijn bedriegt. Voer eerst echter de volgende – eenvoudige – handelingen uit:

1 Controleer of het lampje Num Lock op het toetsenbord brandt. Is dat niet het geval, druk dan eenmaal op de toets Num Lock die zich boven de cijfertoetsen aan de rechterkant bevindt.

2 Toets op het numerieke cijferblok een eenvoudige berekening, zoals 5 + 8 en druk op Enter.

In het display van de rekenmachine verschijnt het antwoord: 13.

3 Voer via het toetsenbord desgewenst meerdere berekeningen in. De volgende functies zijn voorhanden:

■ + optellen

■ - aftrekken

■ * vermenigvuldigen

■ / delen

4 Voer nu een berekening met de muis in: klik op de gewenste knoppen om getallen te vormen en gebruik een van de volgende knoppen voor rekenkundige bewerkingen:

■ + optellen

■ - aftrekken

- * vermenigvuldigen

- / delen

- √ wortel

- % percentage

- **1/x** omgekeerde

- **+/-** negatief/positief

Klik op de knop = om een berekening uit te voeren.

Klik op **CE** om een invoer te wissen of op **C** om een berekening te wissen. Met de knop **Backspace** wist u het laatst ingevoerde teken.

De rekenmachine beschikt ook over een eenvoudig geheugen. Daarvoor gebruikt u de volgende knoppen:

- **MC** Wis het geheugen.

- **MS** Sla de huidige waarde in het geheugen op.

- **M+** Tel de huidige waarde bij de waarde in het geheugen op.

- **MR** Vraag de inhoud van het geheugen op.

Ongetwijfeld bent u niet erg onder de indruk van deze mogelijkheden. Dat nemen we u niet kwalijk... in de standaardweergave is de functionaliteit van de rekenmachine namelijk zeer beperkt. Klik nu echter eens op **Weergave**, **Wetenschappelijk**; de rekenmachine neemt een hele andere vorm aan en biedt veel en veel meer mogelijkheden.

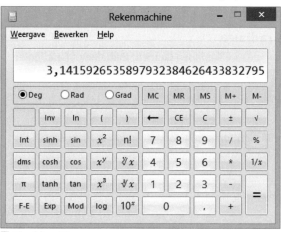

Afbeelding 5.2

De rekenmachine in de wetenschappelijke modus.

U kunt met de wetenschappelijke variant van de rekenmachine diverse
wetenschappelijke berekeningen uitvoeren. U hebt onder andere de volgende functies tot uw beschikking:

- **sin**   sinus; selecteer **Inv** voor de inverse functie en **Hyp** voor de
  hyperbolische functie

- **cos**   cosinus; selecteer **Inv** voor de inverse functie en **Hyp** voor de
  hyperbolische functie

- **tan**   tangens; selecteer **Inv** voor de inverse functie en **Hyp** voor de
  hyperbolische functie

- **dms**   converteer van decimaal naar graden, minuten en seconden;
  selecteer **Inv** voor de omgekeerde conversie

- **Exp**   exponentieel

- x^y x tot de macht y

- x^3 tot de derde macht verheffen

- x^2 kwadraat

- **ln**   natuurlijke logaritme

- **log**   logaritme (grondtal 10)

- **n!**   faculteit

- π het getal pi

De toets F-E gebruikt u om tussen normale en exponentiële weergave te
wisselen.

Graden en radialen

Druk op een van de radioknoppen **Graden**, **Radialen** of **Gradiënten**
om met een van deze eenheden te werken. Gradiënten leveren een
rechte hoek op bij 100 graden (in plaats van 90 graden). Deze knoppen zijn overigens alleen beschikbaar als de modus Dec actief is.

Klik op **Weergave**, **Programmeren** voor het werken met logische
(binaire) functies. Beschikbaar zijn onder andere:

- **And**   logische EN

- **Or**   logische OF

- **Xor**   logische exclusieve OF

- **Lsh** verschuiving naar links; gebruik **Inv** voor een verschuiving naar rechts

- **Not** logische NIET

- **Mod** berekent de rest van een deling (12 gedeeld door 5 = 10 rest 2, dus 12 Mod 5 = 2)

 ## Woordlengte

Werkt u in de programmeermodus, dan kunt u de gewenste woord-lengte instellen met de knoppen **Byte** (8 bits), **Word** (16 bits), **Dword** (32 bits) of **Qword** (64 bits).

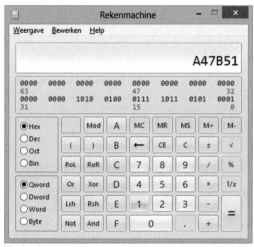

Afbeelding 5.3
Hexadecimale getallen verwerken.

Tot slot van deze paragraaf laten we u kort zien hoe u met de reken-machine statistische berekeningen kunt uitvoeren. Klik daartoe eerst op **Weergave**, **Statistieken**:

1 Klik op **CAD** om de laatste berekening te wissen.

2 Typ een getal en klik op de knop **Add**. Hiermee voegt u een getal aan de reeks toe waarop u later een statistische berekening kunt uitvoeren. Herhaal deze stap voor alle getallen uit de reeks.

Klik in het statistiekvenster desgewenst op **C** om de laatste invoer te wissen of op **CAD** om alle ingevoerde getallen te wissen.

3 Klik bijvoorbeeld op een van de volgende knoppen:

■ **x**   Hiermee berekent u het gemiddelde van de reeks ingevoerde getallen.

■ Σx Hiermee berekent u het totaal van de reeks ingevoerde getallen.

■ σ_n Hiermee berekent u de standaarddeviatie van de reeks ingevoerde getallen.

Nog meer functies

Klik op **Weergave**, **Datumberekening** of **Weergave**, **Werkbladen** om toegang tot enkele specialistische functies van de rekenmachine te verkrijgen.

Paint

Het programma Paint is een eenvoudig tekenprogramma waarmee u snel kleine tekeningen samenstelt. Het programma zelf is niet enorm bruikbaar, maar we laten het hier toch kort zien. Een aantal handelingen in dit programma is namelijk algemeen voor veel andere handelingen in Windows en het kan geen kwaad daar even bij stil te staan.

■ **Afbeelding 5.4**
Het programma Paint.

Het venster van Paint toont de 'traditionele' onderdelen van veel Windows-programma's: een gereedschapskist (bovenin, op de tab Start), twee tabbladen (Start en Beeld) en een menuknop (**Bestand**) links van de tab Start. Plaats de aanwijzer op een gereedschap en wacht tot een beschrijving verschijnt. De zinvollere gereedschappen zijn:

- Gum/Kleurengum
- Opvullen
- Potlood
- Kwast
- Verfspuit
- Tekst
- Lijn
- Vormen (o.a. gebogen lijn, rechthoek, ovaal)

Afbeelding 5.5
De naam van een gereedschap verschijnt als u even wacht.

Wilt u bijvoorbeeld een rechthoek tekenen, dan gaat u als volgt te werk:

1 Klik op het gereedschap **Rechthoek**. Dit kan verborgen zitten onder de knop **Vormen**, maar als u het venster van Paint groot genoeg hebt gemaakt dan ziet u het gereedschap direct (in de sectie **Vormen**).

2 Klik op de staal **Kleur 1** en kies een kleur voor de omtrek door met de linkermuisknop op een kleur in het kleurenpalet te klikken.

3 Klik op de staal **Kleur 2** en kies een kleur voor de vulling door met de linkermuisknop op een kleur in het kleurenpalet te klikken.

4 Kies een dikte voor de omtrek door in de gereedschapskist op een lijntje te klikken.

5 Selecteer bij **Contour** (knop **Vormconctour**) de gewenste contour en bij **Opvulling** (knop **Opvulling van Vorm**) de gewenste opvulling. Deze knoppen bevinden zich in de sectie **Vormen**.

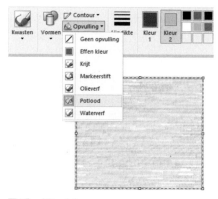

▓ **Afbeelding 5.6**
Kies hier hoe de rechthoek eruit moet zien.

Plaats de aanwijzer op het tekenvel, druk de muisknop in en houd deze ingedrukt. Sleep vervolgens naar een andere locatie. Zodra de muisknop wordt losgelaten is uw rechthoek een feit. U kunt dan eventueel nog de instellingen (zoals de kleur en de contour) in de gereedschapskist wijzigen, maar begint u eenmaal een tweede vorm te tekenen, dan ligt de eerste vorm onherroepelijk vast.

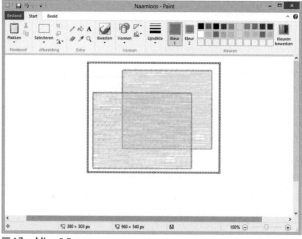

▓ **Afbeelding 5.7**
Enkele rechthoeken.

Wilt u uit de vrije hand tekenen, gebruik dan het gereedschap Pen of een van de kwasten; hiervoor kunt u ook een dikte instellen. Sleep met ingedrukte muisknop over het tekenvel om de 'verf' aan te brengen.

 Fout is fout

In tegenstelling tot 'echte' tekenprogramma's kunt u onderdelen die u met Paint hebt getekend niet eenvoudig oppakken en verplaatsen. Wel kunt u uw laatste handeling ongedaan maken door **Ongedaan maken** te kiezen; deze opdracht bevindt zich in de werkbalk Snelle toegang, links in de titelbalk van Paint (het linksom wijzende pijltje). Hebt u iets ongedaan gemaakt wat u toch weer wilt herstellen, kies dan meteen **Opnieuw** in de werkbalk Snelle toegang (het rechtsom wijzende pijltje).

U kunt met Paint ook tekst aan uw afbeelding toevoegen. Ga als volgt te werk:

1 Klik op het gereedschap **Tekst**.

2 Selecteer in de gereedschapskist of u de tekst een achtergrondkleur wilt geven of niet (ondoorzichtig/transparant).

3 Sleep een rechthoek waarin de tekst moet verschijnen.

4 Selecteer een lettertype en een grootte. Uiteraard kunt u ook nog een kleur instellen.

5 Typ uw tekst.

Zolang het gestippelde kader nog zichtbaar is, kunt u dit aan de puntjes oppakken en rekken (net als een venster). Zodra u erbuiten klikt is het uit met de pret: de tekst ligt dan vast.

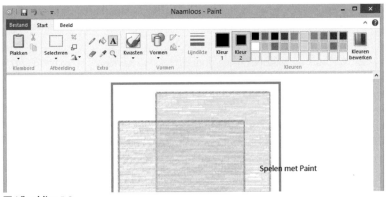

Afbeelding 5.8
Er is tekst toegevoegd.

Bent u klaar met tekenen, dan kunt u uw creatie desgewenst opslaan. Bestanden worden door Paint standaard in de bibliotheek Afbeeldingen opgeslagen.

 ## Bestandsindelingen

Paint kan met verscheidene bestandsindelingen overweg, zoals JPEG, BMP en TIF. U kunt de gewenste indeling selecteren in het venster Opslaan als.

Later in dit hoofdstuk leert u het selectiegereedschap in de gereedschapskist kennen.

WordPad

WordPad is de eenvoudige tekstverwerker die we eerder in dit boekje al tegenkwamen. WordPad is met name bruikbaar als u niet over Microsoft Word of Works beschikt; in dat geval kunt u WordPad voor het schrijven van eenvoudige documenten gebruiken, zoals recepten, briefjes en verhaaltjes. Voor serieuzer werk kunt u beter een echte tekstverwerker gebruiken, bijvoorbeeld om over automatische spellingcontrole te kunnen beschikken.

WordPad is ook handig om documenten te openen (met de extensies .docx of .rtf) die u via internet of e-mail krijgt. Beschikt u niet over Word, dan kunt u deze documenten toch lezen.

Omdat het invoeren van tekst in alle Windows-programma's nagenoeg hetzelfde gaat, staan we in deze paragraaf kort stil bij enkele basiszaken:

■ U voert tekst in via het toetsenbord. Aan het eind van de regel hoeft u niet op Enter te drukken, omdat WordPad automatisch de volgende regel voor u opzoekt. Druk aan het eind van een alinea eenmaal of tweemaal op Enter.

■ Gebruik de pijltoetsen om door de tekst te navigeren; u mag ook op een andere plek in de tekst klikken. Ctrl+pijltoets springt per woord of per alinea.

 ## Niet voorbij het eind

De letter aan het eind van uw tekst is over het algemeen ook het eind van uw document. Wilt u lager op de pagina verder typen, dan zult u een aantal keer op Enter moeten drukken.

■ Druk op Backspace om een fout getypt teken te wissen (het teken links van het knipperende streepje, dat ook wel het invoegpunt of de cursor wordt genoemd).

■ Druk op Del om het teken rechts van het invoegpunt te verwijderen.

■ Sleep met ingedrukte muisknop over letters, woorden of zinnen om tekst te *selecteren*. Geselecteerde tekst wordt voorzien van een balkje en kunt u als volgt bewerken:

  ■ Druk op Delete om de geselecteerde tekst te verwijderen. U kunt geselecteerde tekst vervangen door nieuwe tekst te typen.

  ■ Klik in de werkbalk op **B**, **I** of **U** om geselecteerde tekst vet te maken, cursief te maken of te onderstrepen. Of klik op het knopje **Tekstkleur** om een kleur in te stellen.

  ■ Plaats de aanwijzer op de geselecteerde tekst en sleep deze naar een andere locatie om de tekst te verplaatsen. Houd eventueel de Ctrl-toets ingedrukt om de tekst te kopiëren.

Andere manieren om tekst te selecteren zijn:

■ Dubbelklik op een woord om een woord te selecteren.

■ Klik drie keer op een alinea om een alinea te selecteren.

■ Klik aan het begin van een te selecteren tekst en Shift+klik aan het eind; het tussenliggende gedeelte wordt nu geselecteerd.

■ Druk op Ctrl+A om alle tekst te selecteren; of kies **Alles selecteren** in de sectie **Bewerken** (rechts op de tab **Start**).

■ Klik aan het begin van een te selecteren tekst en druk op Shift plus een van de pijltoetsen (links, rechts, omhoog of omlaag) om een tekstselectie te maken. In combinatie met ingedrukte Ctrl-toets selecteert u per woord (links, rechts) of per alinea (omhoog, omlaag).

■ **Afbeelding 5.9**
Tekst is geselecteerd.

■ Speciale tekens (é, ö enzovoort) kunt u op verschillende manieren invoeren. De handigste is door gebruik te maken van de toetsenbordinstelling **Verenigde Staten (internationaal)**. Hiermee hebt u op een Amerikaans toetsenbord (het meest gebruikt in Nederland) toch de beschikking over accenttekens zoals é, ë en ö. U typt deze tekens zoals op een ouderwetse typemachine: u typt eerst het gewenste accent en vervolgens het gewenste teken: 'e wordt é, 'c wordt ç, ~n wordt ñ, `a wordt à enzovoort.

Toetsenbordindeling

Druk op Win+X en klik op **Configuratiescherm, Invoermethoden wijzigen** om de toetsenbordindeling aan te passen. Dat is nodig wanneer er verkeerde tekens op het scherm verschijnen (bijvoorbeeld omdat u een Azerty-toetsenbord gebruikt). Via **Een taal toevoegen** kunt u een taal toevoegen. Rechtsonder in de taakbalk (naast het klokje) verschijnt nu een tekst; klik hierop om snel tussen invoertalen te kunnen wisselen.

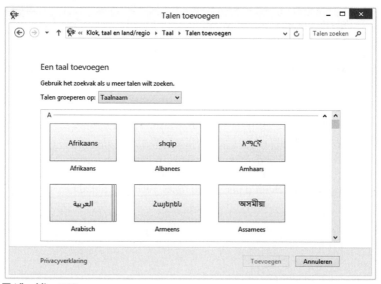

■ **Afbeelding 5.10**
Selecteer een andere toetsenbordindeling.

█ Afbeelding 5.11
Rechtsonder in de taakbalk kunt u snel tussen invoertalen wisselen.

Een alternatieve methode voor de invoer van accenttekens die altijd werkt is via de cijfertoetsen rechts. Zorg dat het lampje Num Lock brandt en druk op de Alt-toets links. Terwijl u deze toets ingedrukt houdt, typt u op het numerieke toetsenblok een cijfercode (bijvoorbeeld 130). Vervolgens laat u de Alt-toets los, waarna het overeenkomstige teken – in dit geval é – verschijnt. De tabel hierna geeft enkele veel voorkomende codes weer.

Teken	Alt-code
à	Alt+133
é	Alt+130
ê	Alt+136
ë	Alt+137
è	Alt+138
ï	Alt+139
ö	Alt+148
ó	Alt+162
ü	Alt+129
€	Alt+0128; dit teken heeft op veel toetsenborden een vaste plaats; vaak is dit AltGr+5 of AltGr+E. AltGr is de naam van de rechter-Alt-toets (rechts van de spatiebalk).

Kladblok

Vindt u dat WordPad te veel toeters en bellen heeft, dan kent Windows nog een eenvoudiger programma: Kladblok. Kladblok biedt alleen de mogelijkheid om tekst in te voeren, maar niet om deze tekst op te maken met lettertypen en kleur. Kladblok is derhalve handig voor het maken van eenvoudige notities.

SystemDiagsCeeHistory.log - Kladblok

Bestand   Bewerken   Opmaak   Beeld   Help

```
<payload>
    <session-tracking-info appName="HPSystemDiagnostics">
        <attribute name="Start" value="08/25/2012 17:32:56"/>
        <attribute name="Stop" value="08/25/2012 17:33:16"/>
        <attribute name="offerlocale" value="0"/>
        <attribute name="ID" value="1"/>
    </session-tracking-info>
    <element name="Product" type="Description" sequence-id="1">
        <attribute name="ProductNumber" value="WAABH"/>
        <attribute name="ProductName" value="HP Pavilion dv7 Notebook PC"/>
        <attribute name="ModelNumber" value="3639"/>
        <attribute name="BIOSDate" value="10/15/2009"/>
        <attribute name="BIOSVersion" value="F.10"/>
        <attribute name="KBCVersion" value="33.22"/>
        <attribute name="MemoryMode" value="Asymmetric"/>
        <attribute name="SATAMode" value="AHCI"/>
    </element>
    <element name="SystemDiagnostics" type="Description" sequence-id="2">
        <attribute name="Version" value="2.5.0.0"/>
        <attribute name="Directory" value="\Hewlett-Packard\SystemDiags\"/>
        <attribute name="MemoryAvailableForTest" value="4007MB"/>
        <attribute name="OptimizedDST" value="ENABLE"/>
        <attribute name="MemoryTestEstTime" value="789"/>
        <attribute name="ShortDSTEstTime" value="180"/>
        <attribute name="LongDSTEstTime" value="5760"/>
        <attribute name="OptimizedEstTime" value="600"/>
    </element>
    <element name="HardDisk1" type="Description" sequence-id="3">
        <attribute name="SerialNumber" value="WD2671"/>
```

■ **Afbeelding 5.12**
Met Kladblok kunt u bijvoorbeeld 'kale' tekstbestanden lezen.

Ondanks de ogenschijnlijk beperkte toepassing van Kladblok is het toch een zinnig programma; wilt u snel een aantekeningetje maken, dan kan dit prima in Kladblok. Documenten die met Kladblok worden gemaakt zijn van het type tekstdocument en hebben de extensie .txt. Als u op een tekstdocument dubbelklikt, zal dit automatisch in Kladblok worden getoond.

De bediening van Kladblok lijkt sterk op die van WordPad; bijna alle eigenschappen die in de voorgaande paragraaf zijn genoemd, zijn ook van toepassing op Kladblok.

Geluidsrecorder

Het programma Geluidsrecorder is een eenvoudig memorecordertje dat u kunt gebruiken om gesproken teksten op te nemen. De mogelijkheden zijn beperkt, vandaar dat we de behandeling kort houden.

Afbeelding 5.13
Geluidsrecorder.

Microfoon en speakers

Om Geluidsrecorder te kunnen gebruiken dient u speakers en een microfoon op uw computer aangesloten te hebben.

U gebruikt Geluidsrecorder als volgt:

1 Open het startscherm en typ de letters gel; de knop Geluidsrecorder verschijnt.

2 Klik op **Geluidsrecorder.**

3 Klik op de knop **Opname starten.**

4 Spreek uw boodschap in de microfoon in.

5 Klik nogmaals op de knop.

Het venster Opslaan als verschijnt.

6 Voer desgewenst een bestandsnaam in, blader naar de gewenste map en klik op **Opslaan** om de opname op te slaan; klik op **Annuleren** om de opname niet op te slaan.

Wanneer u op **Opslaan** klikt wordt de opname op schijf opgeslagen en uit Geluidsrecorder gewist; met andere woorden: u kunt direct een nieuwe opname beginnen. Wanneer u op **Annuleren** klikt wordt Geluidsrecorder gepauzeerd en kunt u desgewenst de opname hervatten door op **Opname hervatten** te klikken.

Geluid = wma

Bestanden die Geluidsrecorder opslaat zijn zogeheten wma-bestanden (Windows Media Audio). Deze zijn enigszins te vergelijken met – de wellicht bekende – mp3-bestanden. Wma-bestanden kunnen door Windows Media Player worden afgespeeld (zie hoofdstuk 10), maar ook door veel randapparaten zoals mp3-spelers, pda's en mobiele telefoons.

U kunt Geluidsrecorder sluiten door op de sluitknop te klikken.

Geluidskaart

Ongetwijfeld hebt u bij de geluidskaart in uw computer speciale software gekregen, waaronder een uitgebreider programma om geluid op
te nemen. Het verdient altijd de aanbeveling om die software te
gebruiken in plaats van Geluidsrecorder.

Windows Verkenner

Wanneer u ervaring met Windows XP of eerder hebt, zult u zich wellicht
afvragen waar Windows Verkenner is gebleven. Aan de andere kant: de
informatie die u in het vorige hoofdstuk hebt gelezen kwam u wellicht
bekend voor. We kunnen dan ook kort zijn: Windows Verkenner is niet
meer. Of liever gezegd: Windows Verkenner is er nog wel, maar is nu
standaard in de mappen ingebouwd. Voer de volgende stappen maar
eens uit:

1 Open het startscherm en typ de letters verk; de knop Verkenner verschijnt.

2 Klik op **Verkenner**.

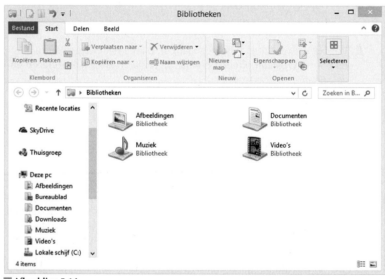

◼ **Afbeelding 5.14**
'Windows Verkenner'.

U ziet: niets nieuws onder de zon. Aan de linkerkant verschijnt de structuur die normaal ook verschijnt wanneer u een map of bibliotheek opent.

Hebt u ervaring met Windows Verkenner, dan ziet u dat de functionaliteit nog steeds beschikbaar is. Hebt u nog nooit met Windows Verkenner
gewerkt, dan mag u de inhoud uit deze paragraaf direct vergeten; de
functionaliteit is namelijk in het vorige hoofdstuk uitgebreid aan de orde
gekomen.

Uitvoeren

De laatste 'bureau-accessoire' die in deze paragraaf wordt besproken is
niet echt een bureau-accessoire, maar een optie die in voorgaande versies van Windows op een prominente plek in het menu Start beschikbaar
was: de opdracht **Uitvoeren**. Deze opdracht biedt u de mogelijkheid om
direct een programma te starten via een opdracht. Soms zal het gebeuren
dat u een programma aanschaft en de installatie ervan via de opdracht
x:\setup moet worden gestart, waarbij x door de letter van uw cd- of
dvd-station moet worden vervangen (doorgaans is dat d of e). Zo'n
opdracht typt u in het venster Uitvoeren, dat u opent door op Win+R te
drukken.

■ **Afbeelding 5.15**
Het venster Uitvoeren.

Wilt u er eens mee experimenteren, voer dan de bovenstaande stappen
uit, typ cmd in het venster Uitvoeren en druk op Enter. Er verschijnt nu
een venster waarin systeemopdrachten (DOS-opdrachten) kunnen worden uitgevoerd. Hebt u daar nooit mee gewerkt, dan klikt u op de sluitknop, en anders geldt het devies: leef u uit!

■ Gegevens uitwisselen

In de voorgaande paragraaf hebt u geleerd hoe u een berekening maakt
met de rekenmachine, een eenvoudig tekeningetje maakt in Paint en een
briefje typt in WordPad. In deze paragraaf leest u hoe u deze programma's kunt laten samenwerken, oftewel hoe u gegevens tussen de programma's uitwisselt. Stel bijvoorbeeld dat u met de rekenmachine een

uitkomst met veel cijfers achter de komma hebt gekregen en u wilt deze uitkomst in een briefje gebruiken. Dan is het niet alleen lastig, maar ook foutgevoelig om de uitkomst over te typen...

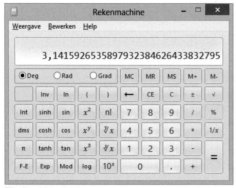

■ **Afbeelding 5.16**
Typt u de uitkomst even over?

Het klembord

Windows beschikt over een voorziening die bekend staat als het klembord. Het klembord is een tijdelijke parkeerplaats voor gegevens. U kunt op het klembord de uitkomst van een berekening, een stukje tekst, een afbeelding, een internetsnelkoppeling en nog veel meer plaatsen. Dit doet u door de gewenste gegevens naar het klembord te kopiëren. Op het moment dat u de gegevens nodig hebt, haalt u ze met een speciale opdracht weer van het klembord af; dit wordt plakken genoemd. U kopieert de gegevens dus naar het klembord, waarna u de gegevens – op het door u gewenste moment – weer van het klembord afhaalt door ze te plakken.

 Niet alleen de bureau-accessoires

Het klembord werkt in bijna alle Windows-toepassingen, dus niet alleen in de rekenmachine of Paint.

Probeer het volgende maar eens:

1 Start WordPad en start de rekenmachine.

2 Voer een berekening uit in de rekenmachine.

3 Klik in de rekenmachine op **Bewerken**, **Kopiëren**.

De uitkomst wordt nu naar het klembord gekopieerd.

4 Schakel over naar WordPad, bijvoorbeeld door op Alt+Tab te drukken (zie hoofdstuk 2).

5 Klik in WordPad op de knop **Plakken**, geheel links.

De uitkomst verschijnt in WordPad op de plaats van het invoegpunt.

Afbeelding 5.17
Het resultaat is overgebracht naar WordPad.

Wanneer u de inhoud van het klembord plakt, wordt een *kopie* geplakt. Met andere woorden: de uitkomst staat na het plakken nog steeds op het klembord. U kunt dus net zo vaak plakken als u wilt. Pas als u een nieuwe uitkomst naar het klembord kopieert, wordt de aldaar aanwezige informatie overschreven.

 Bewerken

Bij programma's die een traditionele menubalk kennen, is de opdracht **Plakken** te vinden in het menu **Bewerken**, evenals de andere klembordopdrachten. De sneltoets voor **Plakken** is Ctrl+V.

Kopiëren versus knippen

In het voorgaande voorbeeld wordt de uitkomst van de rekenmachine éérst naar het klembord gekopieerd. Het is in veel programma's echter ook mogelijk om items naar het klembord te *knippen*. In dat geval wordt het item van de oorspronkelijke locatie naar het klembord verplaatst. Met

andere woorden: het verdwijnt van de oorspronkelijke plek en wordt verplaatst naar het klembord. Wanneer u nu elders de informatie plakt, is
deze als het ware verplaatst.

Knippen en plakken

Het overbrengen van gegevens van het ene programma naar het
andere wordt vaak knippen en plakken genoemd.

Probeer het volgende:

1 Druk achter de uitkomst van de berekening (in WordPad; zie de voorgaande procedure) op Enter.

2 Typ wat tekst en selecteer een gedeelte ervan.

■ **Afbeelding 5.18**
Wat tekst met een gedeelte geselecteerd.

3 Klik op **Knippen**, te vinden naast de knop **Plakken**.

De geselecteerde tekst verdwijnt.

4 Klik op een plek elders in de tekst en klik op **Plakken**.

De geknipte tekst verschijnt op de positie waar u hebt geklikt.

Van Paint naar WordPad

Als laatste voorbeeld brengen we een afbeelding die is getekend in Paint over naar WordPad. Voer de volgende handelingen uit:

1 Start Paint.

2 Teken met het gereedschap **Rechthoek** enkele rechthoekjes naar keuze.

Uw creatie ziet er bijvoorbeeld uit als in de afbeelding.

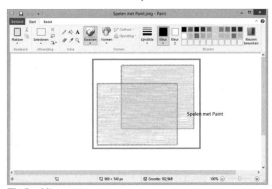

■ **Afbeelding 5.19**
Gemaakt met Paint.

3 Selecteer het gereedschap Selecteren (het gestippelde rechthoekje boven in de gereedschapskist).

4 Sleep een rechthoekig kader om uw tekening; er verschijnt een stippel-lijn. U hebt nu een gedeelte van uw tekening geselecteerd.

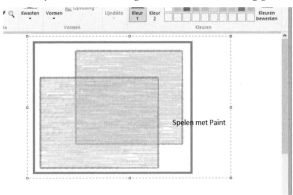

■ **Afbeelding 5.20**
Het geselecteerde gebied is duidelijk zichtbaar.

5 Klik op **Kopiëren** om uw selectie naar het klembord te kopiëren (de knop **Kopiëren** bevindt zich naast de knop **Plakken**, en als die niet zichtbaar is onder de knop **Klembord**). U mag ook op Ctrl+C drukken.

6 Schakel over naar WordPad en klik op **Plakken** of druk op Ctrl+V.

De afbeelding wordt nu in uw WordPad-document geplakt.

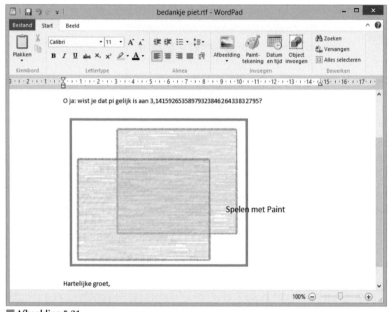

■ **Afbeelding 5.21**
De afbeelding in WordPad.

 ### De afbeelding bewerken

Wilt u na het plakken nog wijzigingen in de tekening aanbrengen, dubbelklik er dan op. Vanuit WordPad wordt dan een versie van Paint gestart en u kunt de tekening bewerken alsof u deze met WordPad had geopend. Bent u klaar, klik dan buiten de tekening om weer naar WordPad terug te schakelen. Deze techniek werkt overigens niet tussen alle programma's; bovendien moet u het WordPad-document met de Paint-afbeelding eerst opgeslagen hebben.

Tips voor het klembord

Tot slot van de paragraaf over het klembord geven we u nog enkele tips voor het gebruik:

■ In alle Windows-programma's kunt u gebruikmaken van de toetsen-combinaties Ctrl+C voor kopiëren, Ctrl+X voor knippen en Ctrl+V voor plakken.

■ U kunt bestanden ook via het klembord kopiëren en verplaatsen. Selecteer in een map een of meer bestanden en druk op Ctrl+C (kopiëren) of Ctrl+X (knippen). Open nu een andere map en druk op Ctrl+V. De geselecteerde bestanden worden nu naar de geselec-teerde map gekopieerd of verplaatst, afhankelijk van de toetsencom-binatie die u gebruikte (Ctrl+C of Ctrl+X).

■ Het eenvoudige hulpje Knipprogramma kunt u onder andere gebrui-ken om een deel van het scherm naar het klembord te kopiëren. Nadat u het programma hebt gestart kunt u een kadertje over het scherm trekken, dat vervolgens automatisch op het klembord wordt geplaatst. Klik op het pijltje naast de knop **Nieuw** om een vrije vorm te kunnen maken of om een venster of het hele scherm te kopiëren. Overigens biedt Knipprogramma u ook de mogelijkheid om het gemaakte knipsel op te slaan.

■ U kunt snel een afbeelding van een venster of het hele Windows-scherm naar het klembord kopiëren. Voor een venster gebruikt u de toetsencombinatie Alt+Print Screen, voor het hele scherm gebruikt u Print Screen. Win+Print Screen slaat de afbeelding ook op.

■ Klik met de rechtermuisknop op een geselecteerde tekst. In bijna alle gevallen verschijnt er een snelmenu met daarin de opdrachten **Kopiëren**, **Knippen** en **Plakken**.

■ Een woordje over apps

Tot slot van dit hoofdstuk bespreken we kort enkele apps die van pas kunnen komen. De specifieke internetapps (Internet Explorer, Mail, Personen, Skyoe, Agenda enzovoort) komen in hoofdstuk 8 aan de orde; de multimedia-apps (Foto's, Camera, Muziek) in hoofdstuk 10.

Kaarten

De app Kaarten gebruikt u om de plattegrond van een stad of de wegen van een land te bekijken. Daarnaast kunt u Kaarten gebruiken om een routebeschrijving naar een bepaalde locatie op te vragen.

De app maakt – vanzelfsprekend – gebruik van de specifieke appfunctionaliteit. Om een plaats te zoeken, volstaat het om te beginnen met typen.

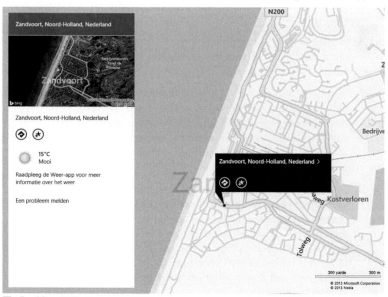

■ **Afbeelding 5.22**
De app Kaarten waarin Zandvoort wordt opgezocht.

Wilt u in- of uitzoomen, gebruik dan het muiswiel, twee vingers of Ctrl+mintoets/Ctrl+plustoets. Of klik op de plus of de min rechts op het scherm. U kunt de kaart verplaatsen door met ingedrukte muisknop te slepen, of natuurlijk door te vegen.

De appbalk bevat een overzichtelijk aantal opdrachten. Dit zijn:

■ **Een punaise toevoegen** Sleep naar de kaart om een 'speldje' te prikken en daarmee een locatie te markeren. Indien uw kaart voorzien is van een of meer punaises, dan is ook de opdracht **Kaart wissen** beschikbaar om de punaise(s) te wissen.

■ **Stijl van de kaart** Met deze opdracht kunt u kiezen tussen de traditionele landkaartweergave en een satellietweergave. U kunt hier ook de verkeersdrukte laten weergeven, voor zover deze informatie beschikbaar is.

■ **Mijn locatie** Deze opdracht zoekt uw eigen locatie op de kaart op. Daarvoor moet u wel toestemming hebben gegeven.

■ **Routebeschrijving** Deze opdracht laat u een start- en eindpunt invoeren waartussen Kaarten de route berekent en weergeeft.

■ **Afbeelding 5.23**
De route van Zandvoort naar Culemborg in beeld.

Overige apps

De overige apps die standaard worden meegeleverd zijn:

■ **Eten en drinken** Recepten voor voorgerechten, maaltijden en desserts.

■ **Financieel** Gebruik deze app om aandelenkoersen, valuta en de prijzen van grondstoffen te volgen.

■ **Games** Gebruik deze app om spellen te downloaden en scores bij te houden.

■ **Gezondheid en fitness** App met talloze functies om uw gezondheid in de gaten te houden.

■ **Nieuws** Gebruik deze app om het laatste nieuws uit verschillende bronnen te zien. Klik op een nieuwsitem om het in zijn geheel te lezen.

Afbeelding 5.24

De AEX doet het goed dit jaar.

- **Sport**   Gebruik deze app om het laatste sportnieuws uit verschillende bronnen te zien en uw favoriete team(s) te volgen. Klik op een nieuwsitem om het in zijn geheel te lezen.

- **Weer**   Gebruik deze app om het weer overal ter wereld op te vragen en om een weersverwachting te krijgen.

Hoofdstuk 6

Het uiterlijk aanpassen

Nu u de basishandelingen onder de knie hebt en kennis hebt gemaakt met de belangrijkste voorzieningen in Windows, wordt het tijd om de computer persoonlijker te maken. Zo kunt u lettertypen, kleuren en andere uiterlijke kenmerken van Windows 8.1 aanpassen. Dit hoofdstuk laat u zien wat de mogelijkheden zijn.

■ Startscherm en vergrendelingsscherm

Wanneer u uw computer aanzet is het eerste wat u ziet het zogeheten vergrendelingsscherm. Hebt u zich eenmaal aangemeld, dan verschijnt het startscherm. Het uiterlijk van beide schermen is aan te passen.

Vergrendelingsscherm aanpassen

De afbeelding op het vergrendelingsscherm past u als volgt aan:

1 Druk op Win+I om de charm Instellingen te openen

2 Klik geheel onder in de charmbalk op **Pc-instellingen wijzigen**.

Het scherm Pc-instellingen verschijnt.

■ **Afbeelding 6.1**
Pc-instellingen wijzigen.

3 Klik op de grote afbeelding **Vergrendelingsscherm** (of klik links in de
links in de lijst op **Pc en apparaten**) om een andere afbeelding voor dit
scherm te selecteren. De knop **Bladeren** geeft u toegang tot de bibliotheek Afbeeldingen, zij het dat u nu geen 'traditioneel' Windows-
venster met bestanden ziet, maar een overzicht in Windows 8.1-stijl.

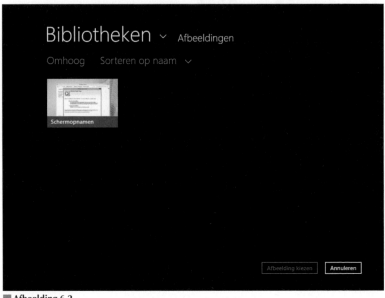

■ **Afbeelding 6.2**
*De bibliotheek Afbeeldingen. De weergave is anders, maar de functionaliteit komt overeen met wat
er in hoofdstuk 4 is besproken.*

Als er al afbeeldingen in de bibliotheek staan, dan verschijnen ze hier.
Via de knop **Omhoog** navigeert u één niveau omhoog in de mappenstructuur (dus: naar de map Bibliotheken, want u bevindt zich nu in de
bibliotheek Afbeeldingen). U kunt dan een andere bibliotheek selecteren
(bijvoorbeeld Documenten), en als u de stappen in hoofdstuk 4 hebt
gevolgd, dan zult u zien dat uw eigen mappen hier ook verschijnen. Met
andere woorden: de mappenstructuur in de Windows 8.1-stijl is dezelfde
structuur als in de bureaubladomgeving. Het ziet er alleen wat anders uit
en de navigatie is wat omslachtiger.

 Bladeren naar een ander station

Klik op Bibliotheken geheel bovenin om een lijst te openen met meer
opties. De knop **Deze pc** geeft u toegang tot een ander schijfstation of
bijvoorbeeld een USB-stick.

Hebt u een geschikte afbeelding gevonden, klik er dan op om deze te kiezen.

Wellicht is het u opgevallen dat op het vergrendelingsscherm ook aanvullende informatie wordt getoond. Onder het kopje Apps voor vergrendelingsscherm kunt u bepalen welke apps informatie op het vergrendelingsscherm mogen tonen. Wilt u de informatie verwijderen, klik dan op het overeenkomstige pictogram en kies **Hier geen status weergeven**.

U kunt één app uitgebreidere informatie laten tonen (bijvoorbeeld Agenda); klik daarvoor op het pictogram onder de tekst **Kies een app waarvan u de gedetailleerde status wilt weergeven**. Het pictogram onder de tekst **Kies een app voor het weergeven van alarmen** laat u een app selecteren waarvan de alarmstatus op het vergrendelingsscherm wordt weergegeven.

Apps voor vergrendelingsscherm

Kies apps die op de achtergrond worden uitgevoerd en waarvan snelle statusinformatie en meldingen moeten worden weergegeven, ook als het scherm is vergrendeld

Kies een app waarvan u de gedetailleerde status wilt weergeven

Kies een app voor het weergeven van alarmen

Camera

Veeg omlaag op het vergrendelingsscherm om de camera te gebruiken

Uit   ■▨▨▨

■ **Afbeelding 6.3**
Informatie op het vergrendelingsscherm plaatsen.

Wilt u de camera direct vanuit het vergrendelingsscherm kunnen gebruiken, klik dan op de schakelaar geheel onder in de pagina. Dit maakt het mogelijk om foto's te maken zonder dat u zich eerst hoeft aan te melden.

Startscherm aanpassen

Nu u een tijdje met het nieuwe startscherm van Windows 8.1 hebt gewerkt, wilt u het misschien wat aantrekkelijker maken. Windows 8.1 biedt daartoe verschillende achtergronden en kleurstellingen. Zorg dat het startscherm zichtbaar is en druk op Win+I (of open de charmbalk

door te vegen en klik op **Instellingen**). Klik aansluitend op **Aanpassen**.
Zoals u ziet kunt u verschillende afbeeldingen en kleurenthema's kiezen.
Het is niet mogelijk om hier een eigen afbeelding te selecteren.

■ **Afbeelding 6.4**
Een ander thema voor het startscherm.

Accountafbeelding aanpassen

Wilt u uw computer verder personaliseren, dan kunt u ook een andere
afbeelding voor bij uw account kiezen. Open de charmbalk, klik op **Pc-
instellingen wijzigen** en kies **Accounts**, of klik op de accountafbeelding
(indien zichtbaar). Klik op **Bladeren** om een foto te selecteren. Hebt u
geen leuke afbeelding bij de hand, klik dan op **Camera** om via de
camera-app een foto van uzelf te nemen. Uiteraard moet er dan wel een
camera of webcam op uw computer zijn aangesloten.

■ Meer pc-instellingen

Microsoft heeft een groot aantal van de opties die in Windows 8 nog via
het Configuratiescherm ingesteld moeten worden, beschikbaar gemaakt
in de nieuwe, 'Modern' gebruikersinterface. In deze paragraaf doorlopen
we de meest belangrijke. Ze zijn ondergebracht in hoofdcategorieën die
verschijnen zodra u de charmbalk opent en op **Pc-instellingen wijzigen**
klikt. De hoofdcategorieën zijn:

- Pc en apparaten

- Accounts

- SkyDrive

- Zoeken en apps

- Privacy

- Netwerk

- Tijd en taal

- Toegankelijkheid

- Bijwerken en herstellen

Bent u een ervaren Windows-gebruiker, dan herkent u ongetwijfeld een aantal zaken waarvoor u vroeger het Configuratiescherm nodig had. Dat onderdeel is overigens nog steeds prominent beschikbaar in Windows 8.1, maar u zult het in de dagelijkse praktijk veel minder nodig hebben.

Opties per hoofdcategorie

Zodra u een hoofdcategorie selecteert, verschijnen de opties die u in die categorie kunt wijzigen. Naast de naam van de hoofdcategorie verschijnt een naar links wijzende pijl ('terug'). Klik hierop om het overzicht van hoofdcategorieën weer te tonen.

Pc en apparaten

Deze categorie kent de volgende instellingsmogelijkheden:

- **Vergrendelingsscherm**   Deze optie is eerder in dit hoofdstuk uitgebreid besproken.

- **Beeldscherm**   Hier kunt u een andere schermresolutie voor de monitor instellen, maar ook aangeven hoe meerdere beeldschermen worden gebruikt.

- **Apparaten toevoegen**   Via deze optie worden printers en andere randapparaten toegevoegd en geïnstalleerd. Er wordt zo veel mogelijk gebruikgemaakt van automatische apparaatdetectie, en stuurprogramma's worden – indien nodig – automatisch gedownload. Om te voorkomen dat u via een betaalde internetverbinding (bijvoorbeeld in het buitenland) op hoge kosten wordt gejaagd, staat de optie **Downloaden via verbindingen naar gebruik** standaard uitgeschakeld. Schakel deze optie in als downloaden via zulke verbindingen voor u geen probleem is.

■ **Muis en touchpad**   Stel hier in hoe de muisknoppen en het muis-wiel geconfigureerd moeten worden. Ook kunt u de 'gevoeligheid' van het touchpad instellen.

■ **Typen**   Onder het kopje **Spelling** bepaalt u hier of spelfouten auto-matisch gecorrigeerd en/of gemarkeerd moeten worden. Onder het kopje **Typen** kunt u bepalen hoe met tekstsuggesties wordt omge-gaan. Onder het kopje **Schermtoetsenbord** tenslotte bepaalt u de opties voor het schermtoetsenbord, zoals bijvoorbeeld het laten horen van een klikgeluid wanneer u op een toets drukt.

Het schermtoetsenbord

Het schermtoetsenbord verschijnt automatisch wanneer u op een apparaat met aanraakscherm op een tekstinvoerveld tikt. Een tik op een teken voegt dat teken in, of houd uw vinger vast om meer opties te zien: drukt u bijvoorbeeld op de letter e, dan verschijnen ook ver-sies met accenten (zoals ë en é) die u kunt selecteren door uw vinger naar zo'n teken te verplaatsen. Tik rechtsonder in het toetsenbord op de taalindicator (doorgaans NLD) om niet alleen de taalindeling van het toetsenbord te wijzigen, maar ook de lay-out van het toetsenbord, zoals gesplitst en volledig. Het is zelfs mogelijk om via handschrift-herkenning tekst in te voeren.

■ **Hoeken en randen**   Deze optie laat u de werking van de hoeken en randen van het scherm beïnvloeden. De opties onder het kopje Scha-

Schakelen tussen apps

Schakelen tussen recente apps toestaan
Aan

Geen lijst met apps weergeven maar schakelen tussen mijn recente apps als ik veeg vanaf de linkerrand
Aan

Lijst met recente apps wissen
Lijst wissen

Hoeknavigatie

De charms weergeven als ik naar de rechterbovenhoek wijs
Aan

Schakelen tussen mijn recente apps als ik in de linkerbovenhoek klik
Aan

■ **Afbeelding 6.5**
Werking van hoeken en randen instellen.

kelen tussen apps bepaalt wat er gebeurt als u vanaf de linkerkant van het scherm naar binnen veegt. De opties onder he kopje Hoeknavigatie bepalen de werking van respectievelijk de rechter- en de linkerbovenhoek.

■ **Stroomverbruik en slaapstand**   Via deze optie bepaalt u of de computer in slaapstand wordt gezet of het scherm wordt gedimd. U kunt aparte instellingen maken voor wanneer uw computer op het lichtnet is aangesloten, of wanneer uw computer (of tablet natuurlijk) op de accu werkt.

■ **Automatisch afspelen**   Hier bepaalt u wat er moet gebeuren wanneer u een extern schijfstation aansluit of een geheugenkaart in de computer plaatst. Ook kunt u bepalen wat de actie moet zijn wanneer u uw Windows Phone aansluit.

■ **Pc-informatie**   Deze optie geeft u informatie over uw computer en Windows-versie, en laat u tevens de naam van de computer en de Windows-productcode wijzigen.

Accounts

Deze categorie kent de volgende instellingsmogelijkheden:

■ Uw account

■ Aanmeldingsopties

■ Andere accounts

Het volgende hoofdstuk gaat uitgebreid in op het werken met accounts; we bespreken deze opties aldaar.

SkyDrive

Deze categorie kent de volgende instellingsmogelijkheden:

■ Bestandsopslag

■ Camera-album

■ Instellingen synchroniseren

■ Verbindingen naar gebruik

SkyDrive wordt in hoofdstuk 8 besproken; daar komen deze opties in detail aan de orde.

Zoeken en apps

Deze categorie kent de volgende opties:

- **Zoeken**   Hier bepaalt u of Microsofts internetzoekmachine Bing wordt gebruikt om zoekresultaten voor u te optimaliseren, hetzij op basis van uw locatie, hetzij op basis van uw persoonlijke voorkeuren. U kunt er ook voor kiezen om geen persoonlijke informatie te ontvangen. Verder kunt u onder het kopje **Veilig zoeken** aangeven of u bepaalde (expliciete) content uit de zoekresultaten gefilterd wilt hebben. Onder het kopje **Verbindingen naar gebruik** geeft u aan of u zoekresultaten van Bing wenst te ontvangen als er een op gebruik gebaseerde internetverbinding actief is, cq. als u aan het roamen bent.

- **Delen**   Wanneer u de charmbalk opent, ziet u de opdracht **Delen** verschijnen. Deze opdracht laat u de inhoud van een app op verschillende manieren delen. Onder het kopje **Deelopties** in de instellingen bepaalt u wat er getoond wordt wanneer u de opdracht **Delen** kiest. Tevens kunt u aangeven welke apps gebruikt kunnen worden om informatie te delen.

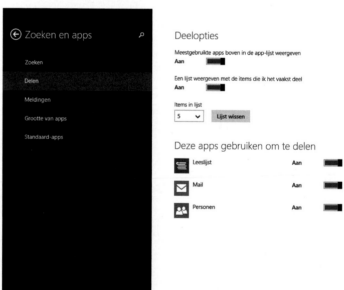

Afbeelding 6.6
Deelopties instellen.

■ **Meldingen**   Met de opkomst van sociale media is het aantal meldingen dat u dagelijks ontvangt ongetwijfeld niet meer bij te houden.
De strakke integratie van onder andere Twitter, Skype en Facebook in
Windows 8.1 maakt het af en toe wenselijk om de overvloed aan
meldingen in goede banen te leiden. Via deze optie bepaalt u niet
alleen van welke app u wel en van welke app u geen meldingen
wenst te ontvangen, maar u kunt ook een tijdsinterval instellen waarin
u helemaal geen meldingen wenst te ontvangen – ideaal voor de
nachtrust. Daarnaast stelt u onder het kopje **Meldingen** in hoe de
meldingen ontvangen worden.

■ **Grootte van apps**   Deze optie geeft een overzicht van de ruimte die
individuele apps op schijf innemen. Klik op een app en klik aansluitend op **Verwijderen** om een app definitief van het systeem te verwijderen.

■ **Standaard-apps**   Hier bepaalt u welke apps standaard gebruikt worden voor het uitvoeren van bepaalde taken, zoals het lezen van
e-mail, het afspelen van muziek en het bekijken van een video. U
kunt hier – via de optie **Standaard-apps per bestandstype kiezen** –
ook bepalen welke apps gebruikt worden voor het openen van
bestanden met een bepaalde extensie. Het is zelfs mogelijk om apps
aan een protocol te koppelen (geavanceerd).

Privacy

Deze categorie kent de volgende opties:

■ **Algemeen**   Hier schakelt u algemene privacyopties in of uit.

■ **Locatie**   Hier geeft u niet alleen globaal aan of apps uw locatie
mogen gebruiken, maar kunt u vervolgens per app bepalen welke wèl
en welke geen toegang tot deze informatie hebben.

■ **Webcam**   Hier geeft u niet alleen globaal aan of apps uw webcam
mogen gebruiken, maar kunt u vervolgens per app bepalen welke wèl
en welke geen toegang tot de webcam hebben.

■ **Microfoon**   Hier geeft u niet alleen globaal aan of apps uw microfoon mogen gebruiken, maar kunt u vervolgens per app bepalen
welke wèl en welke geen toegang tot de microfoon hebben.

■ **Andere apparaten**   Is uw computer of tablet voorzien van andere
apparaten die door apps gebruikt kunnen worden, dan verschijnen
die hier en kunt u aangeven welke apps wel en niet van die apparaten gebruik mogen maken.

Netwerk

Deze categorie kent de volgende opties:

■ **Verbindingen**   Hier hebt u toegang tot een overzicht van de – al dan niet draadloze – netwerkverbindingen. Klik op een verbinding om meer informatie over de verbinding te krijgen en om bepaalde functionaliteit in of uit te schakelen. U kunt hier voor bepaalde verbindingen instellen dat ze 'naar gebruik' zijn, zodat Windows bepaalde internetfunctionaliteit niet zal gebruiken als u van deze verbinding gebruik maakt (zie ook eerder in dit hoofdstuk).

■ **Vliegtuigstand**   Schakel deze optie in als u zich in een vliegtuig bevindt. Alle functies die draadloos communiceren (zoals Wifi, Bluetooth en de gsm-functie) worden dan uitgeschakeld. Onafhankelijk van de vliegtuigstand kunt u Wifi overigens weer inschakelen – in Amerika biedt bijvoorbeeld US Airways Wifi in het vliegtuig aan op bijna al haar binnenlandse vluchten; het is ongetwijfeld een kwestie van tijd voordat Wifi in het vliegtuig gemeengoed wordt).

■ **Proxy**   Via deze optie stelt u een proxyverbinding in (geavanceerd; de gegevens hiervoor ontvangt u van de netwerkbeheerder).

■ **Thuisgroep**   Via deze optie kunt u lid worden van een thuisgroep, een netwerk bestaande uit Windows 7- en Windows 8-computers die het delen van documenten en apparaten eenvoudig mogelijk maakt. Indien de thuisgroep reeds is gemaakt, dan volstaat het om hier het wachtwoord van de thuisgroep in te voeren. Klik op **Verlaten** om de thuisgroep te verlaten.

■ **Afbeelding 6.7**
Wachtwoord voor de thuisgroep invoeren.

Is er nog geen thuisgroep, dan maakt u die hier door op **Maken** te klikken. Vervolgens geeft u aan welke onderdelen u wenst te delen. Andere computers in het netwerk kunnen lid van de thuisgroep worden door het wachtwoord in te voeren dat wordt getoond.

Afbeelding 6.8
Bepaal wat u wilt delen.

■ **Werkplek** Deze optie stelt diversie werkplekfuncties in (geavanceerd).

Tijd en taal

Deze categorie kent de volgende opties:

■ **Datum en tijd** Gebruik deze optie om de tijd en de tijdzone in te stellen. Kies **Tijd automatisch instellen** als u Windows zelf de tijd wilt laten bepalen (aanbevolen). Vertrekt u naar een andere tijdzone, pas dan niet de tijd aan, maar de tijdzone zelf. U kunt in hetzelfde scherm ook bepalen hoe u datum en tijd wilt laten weergeven.

■ **Regio en taal** Hier bepaalt u in welke taal Windows wordt weergegeven en van welke regio apps uitgaan.

Toegankelijkheid

Het scherm Toegankelijkheid biedt speciale voorzieningen voor gehandicapten, bijvoorbeeld voor diegenen die problemen hebben met het bedienen van de muis of het toetsenbord, of die slecht kunnen zien of horen.

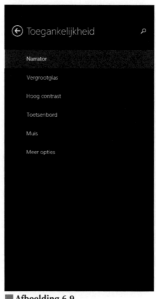

Luisteren welke tekst en besturingselementen op het scherm staan

Narrator is een schermlezer die alle elementen op het scherm kan lezen, zoals tekst en knoppen.

Narrator
Uit

Narrator automatisch starten
Uit

Stem

Een stem kiezen
Microsoft Hazel

Snelheid

Toonhoogte

Geluiden

Tips voor de besturingselementen en knoppen voorlezen
Aan

■ Afbeelding 6.9
Toegankelijkheid.

Toegankelijkheid kent de volgende opties:

■ **Verteller (Narrator)**   Schakel Narrator in om elementen op het scherm voor te laten lezen. U zult in de Nederlandse versie van Windows echter (nog) geen Nederlandstalige stem aantreffen, dus het nut van deze functie is enigszins beperkt.

■ **Vergrootglas**   Met de optie Vergrootglas is het mogelijk om op delen van het scherm in te zoomen.

■ **Hoog contrast**   Gebruik deze optie om een kleurenschema met zeer contrastrijke kleuren te selecteren. Klik op Toepassen om het gekozen schema te activeren.

■ **Toetsenbord**   Via deze optie kunt u een toetsenbord op het scherm weergeven, ook als u geen aanraakgevoelig apparaat hebt. Daarnaast treft u er diverse andere opties voor het functioneren van het toetsenbord aan.

■ **Muis**   Gebruik deze optie om de muisaanwijzer duidelijker weer te geven en om de muis via het toetsenbord te kunnen bedienen.

■ **Meer opties**   Hier vindt u enkele minder relevante opties.

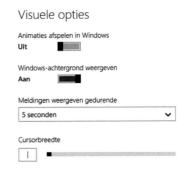

 Afbeelding 6.10

De 'restjes'...

Toegankelijkheidsopties eerder inschakelen

U kunt bepaalde toegankelijkheidsopties al inschakelen voordat u zich voor de eerste keer aanmeldt. Op het aanmeldscherm van Windows bevindt zich geheel linksonder een knopje met de afbeelding van een gestileerde rolstoel. Klik hierop om een aantal veel voorkomende hulpmiddelen direct in te schakelen, zonder tussenkomst van het hiervoor genoemde Toegankelijkheidscentrum.

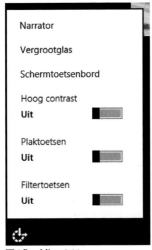

Afbeelding 6.11

Toegankelijkheidopties instellen via het aanmeldscherm.

Bijwerken en herstellen

On deze categorie vindt u onder andere Windows Update, het mechanisme dat ervoor zorgt dat uw computer regelmatig van verbeteringen en reparaties (*patches*) wordt voorzien. Daarnaast kunt u Bestandsgeschiedenis inschakelen, wat de nieuwe back-upfunctie van Windows is. Met de optie Systeemherstel kunt u proberen uw computer weer werkend te krijgen, mochten er zich problemen voordoen. Of dit werkt is helaas niet altijd gegarandeerd.

▨ Persoonlijke instellingen

Er zijn in Windows 8.1 nog meer instellingen te maken. Veel opties om de computer aan te passen vindt u in het Configuratiescherm. Het Configuratiescherm is het algemene regelpaneel van de computer, en als u dat wilt gebruiken is een snelle methode om het te openen de toetsencombinatie Win+X. U opent hiermee het systeemmenu, van waaruit u het Configuratiescherm snel opent door op C te drukken (deze letter is in het menu onderstreept, om aan te geven dat u de opdracht met die toets op het toetsenbord activeert). Uiteraard kunt u op de inmiddels bekende manieren een tegel aan het startscherm toevoegen, of een snelkoppeling op het bureaublad of in de taakbalk plaatsen.

▧ **Afbeelding 6.12**
Het Configuratiescherm.

Het personaliseren van de bureaubladomgeving gaat via de categorie Vormgeving en persoonlijke instellingen, Persoonlijke instellingen.

 Snel via de rechtermuisknop

Er is echter een snellere methode om het benodigde venster te openen: klik met de rechtermuisknop op een leeg deel van het bureaublad en kies **Aan persoonlijke voorkeur aanpassen**.

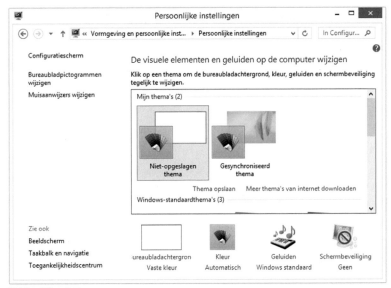

▨ **Afbeelding 6.13**
Het venster Persoonlijke instellingen.

U kunt de volgende instellingen wijzigen:

▨ Kleur en vormgeving van vensters

▨ Bureaubladachtergrond

▨ Schermbeveiliging

▨ Geluiden

▨ Muisaanwijzers

▨ Thema

▨ Beeldscherminstellingen

Tevens worden links twee taken genoemd: Bureaubladpictogrammen wijzigen en Muisaanwijzers wijzigen. In dit hoofdstuk nemen we de diverse mogelijkheden onder de loep.

 Taakbalk

Aan het eind van dit hoofdstuk ruimen we ook een paragraaf in over het aanpassen van de taakbalk. Tevens treft u aan het eind van dit hoofdstuk informatie over de toegankelijkheidsopties van Windows 8.1 aan.

Thema's

De instellingen van uw persoonlijke voorkeur slaat Windows op in een zogeheten *thema*. Dit thema bevat informatie over de achtergrond, de kleur van de vensters, de gebruikte geluiden en de eventueel gebruikte schermbeveiliging.

Thema kiezen

Wilt u snel een ander uiterlijk, kies dan een van de beschikbare thema's. Wilt u een thema wijzigen, dan kan dat uiteraard ook. Bovendien kunt u de gemaakte wijzigingen in een nieuw thema opslaan.

Ga als volgt te werk:

1 Klik met de rechtermuisknop op een leeg deel van het bureaublad en kies **Aan persoonlijke voorkeur aanpassen**.

2 Selecteer een thema.

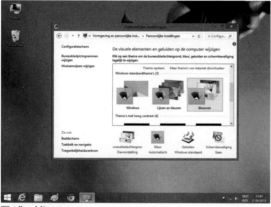

■ **Afbeelding 6.14**
Het thema Bloemen is geselecteerd.

Thema aanpassen

Ongetwijfeld stelt u prijs op een andere afbeelding, andere kleuren of andere geluiden (zie hierna). Het is eenvoudig mogelijk om een bestaand thema aan te passen. Windows onthoudt uw instellingen als 'niet-opgeslagen thema', dat boven in de lijst verschijnt in de sectie Mijn thema's. Klik met de rechtermuisknop op het aangepaste thema en kies in het snelmenu dat verschijnt de optie **Thema opslaan**.

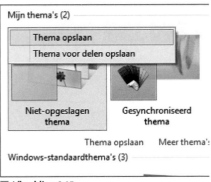

■ **Afbeelding 6.15**
Een aangepast thema kunt u opslaan.

Nadat u zelf meerdere thema's hebt gemaakt, kunt u ongewenste – en niet in gebruik zijnde – thema's verwijderen, eveneens door met de rechtermuisknop op het thema te klikken.

■ Bureaubladachtergrond instellen

Wat is er leuker dan een eigen foto als achtergrond? Bijna niets toch! Vandaar dat Windows 8.1 u de gelegenheid biedt een andere afbeelding als achtergrond te selecteren. Maar ook als u liever tegen een effen achtergrond aankijkt komt Windows 8.1 u tegemoet. Klik in het venster Persoonlijke instellingen linksonder op **Bureaubladachtergrond** om een andere achtergrond te kiezen.

U kunt achtergronden in diverse categorieën kiezen, die u selecteert in de lijst **Locatie van afbeelding**. U hebt hier de volgende keuzen:

■ **Windows-bureaubladachtergronden**   Deze categorie met achtergronden is standaard geselecteerd. Let erop dat meer afbeeldingen beschikbaar zijn dan u in eerste instantie ziet; gebruik de schuifbalk rechts naast de afbeeldingen om de overige te zien.

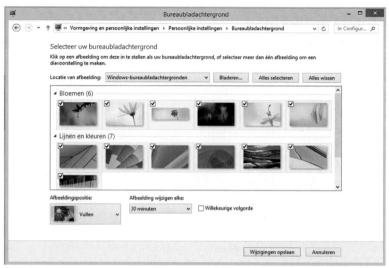

Afbeelding 6.16
Een of meer bureaubladachtergronden kiezen.

- **Afbeeldingenbibliotheek**   Dit is uw eigen bibliotheek met afbeeldingen. Hebt u hier afbeeldingen geplaatst (bijvoorbeeld van een digitale camera) dan verschijnen deze in het overzicht.

- **Favoriete foto's**   Dit zijn afbeeldingen die een hoge waardering (classificatie) hebben gekregen.

- **Vaste kleuren**   Wilt u liever een effen achtergrond in plaats van een afbeelding, selecteer dan deze categorie. Onder de beschikbare kleuren ziet u ook de tekst **Meer** staan, waarop u kunt klikken om een eigen kleur samen te stellen.

Naast de lijst met categorieën bevindt zich de knop **Bladeren** waarop u kunt klikken als u naar een andere locatie op uw computer (of op het netwerk) wilt bladeren.

 ### Diavoorstelling

Windows biedt u de mogelijkheid om een of meer afbeeldingen te selecteren. Plaats de muisaanwijzer boven een afbeelding en plaats een vinkje in het vakje dat verschijnt (of haal het weg). Zodra er twee of meer afbeeldingen zijn geselecteerd, kunt u onder in het venster aangeven hoe vaak de achtergrond gewijzigd moet worden. Zo maakt u eenvoudig een diavoorstelling van uw favoriete foto's op het bureaublad!

Afbeelding 6.17
Selecteer de afbeeldingen die u in de diavoorstelling wilt weergeven.

Een achtergrond toewijzen

Om een achtergrond te gebruiken gaat u als volgt te werk:

1 Selecteer de gewenste categorie in de lijst **Locatie van afbeelding** of klik op **Bladeren** om naar een locatie te bladeren.

2 Selecteer de gewenste afbeelding(en) of kleur in het overzicht.

Windows 8.1 laat het resultaat direct zien. Zorg er dus voor dat het venster Bureaubladachtergrond niet het hele bureaublad bedekt.

3 Klik – indien u een afbeelding hebt geselecteerd – op een van de tegelopties onder in het venster:

■ **Vullen** De afbeelding wordt gerekt zodat het hele scherm wordt gevuld zonder dat er vervorming optreedt. Dit houdt in dat een deel van de afbeelding mogelijk niet wordt getoond.

■ **Aanpassen** De afbeelding wordt zo groot mogelijk geplaatst zonder dat er vervorming optreedt. Dit houdt in dat er mogelijk balken verschijnen (horizontaal of verticaal).

■ **Spreiden** De afbeelding wordt gerekt zodat het hele scherm wordt gevuld. Hierbij kan vervorming optreden (bijvoorbeeld bij staande foto's).

■ **Naast elkaar** Hierbij wordt de afbeelding op de originele grootte getoond en net zo vaak herhaald als nodig is om het scherm volledig te bedekken.

■ **Centreren**   Hierbij wordt de afbeelding gecentreerd en op ware grootte op het scherm getoond. Voor onbedekte gebieden kunt u dan een kleur kiezen door op **Kies een achtergrondkleur** te klikken.

4 Klik op **Wijzigingen opslaan** om de keuze te bevestigen of op **Annuleren** om de oorspronkelijke instelling te behouden.

■ Kleur en vormgeving van vensters

Windows 8.1 laat u de kleuren die voor het weergeven van vensters worden gebruikt, grotendeels naar uw hand zetten. Maar de nieuwe optie voor automatische kleurkeuze is wellicht een goed alternatief, vanwege de rust voor uw ogen. Klik om de kleuren aan te passen onder in het venster Persoonlijke instellingen op **Kleur**.

Aero

In Windows 8.1 zoekt u tevergeefs naar het in Windows Vista geïntroduceerde Aero Glass. Dat is in Windows 8.1 standaard niet langer beschikbaar.

Ga als volgt te werk:

1 Klik met de rechtermuisknop op een leeg deel van het bureaublad en kies **Aan persoonlijke voorkeur aanpassen**.

2 Klik in het venster Persoonlijke instellingen op **Kleur**.

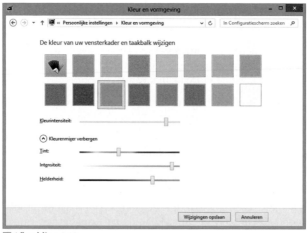

■ **Afbeelding 6.18**

Kleur en vormgeving van vensters. Wanneer u op een voorgedefinieerde kleur klikt, kunt u op Kleurenmixer weergeven klikken om zelf een kleur te mengen.

Klik op een van de aangeboden plaatjes en sleep de schuifregelaar **Kleur-intensiteit** naar de gewenste positie; kijk naar de rand van het venster om de effecten te zien.

Selecteer het plaatje met de kleurenwaaier om Windows de vensterkleuren automatisch te laten kiezen; dit gebeurt dan op basis van de achtergrondafbeelding. In dat geval verdwijnt de mogelijkheid om de kleuren via de mixer aan te passen.

Klik op **Wijzigingen opslaan** wanneer u tevreden bent of op **Annuleren** als u de instellingen niet wilt wijzigen.

Thema's met hoog contrast

De thema's met hoog contrast geven informatie op het scherm extra contrastrijk weer, zodat deze meer toegankelijk wordt voor slechtzienden. Nadat een thema met hoog contrast is geselecteerd, geeft de knop **Kleur** toegang tot een venster met aanvullende instellingen, waarin u de kleuren per schermonderdeel kunt aanpassen.

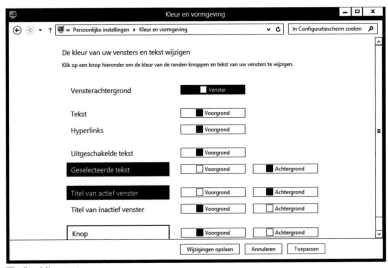

▇ **Afbeelding 6.19**
Pas de kleuren van het thema desgewenst verder aan.

◼ Geluiden toewijzen

Wanneer u over een werkende geluidskaart in uw computer beschikt,
kunt u geluiden aan bepaalde handelingen in Windows koppelen. Zo kan
er bijvoorbeeld een geluid worden weergegeven wanneer er nieuwe
e-mail is, of wanneer u een bestand in de prullenbak gooit. Via de optie
Geluiden in het venster Persoonlijke instellingen kunt u aangeven welke
geluiden u wilt horen, maar u kunt de geluiden ook uitschakelen.

◼ **Afbeelding 6.20**
Geluiden instellen.

Geluiden worden opgeslagen in zogeheten schema's. U selecteert het
gewenste schema in de lijst **Geluidsschema**.

Wijzigingen maakt u in het kader **Programmagebeurtenissen**, onder in
het venster Geluid. Selecteer een gebeurtenis van een van de volgende
programma's (blader door de lijst om de rest te zien):

◼ Windows

◼ Verkenner

◼ Windows Spraakherkenning

Als aan een gebeurtenis een geluid is gekoppeld, is dit te herkennen aan
het luidsprekertje dat voor de naam van de gebeurtenis staat. Wilt u
weten welk geluid dat is dan selecteert u de gewenste gebeurtenis en

klikt u onder in het venster op de knop **Testen**. Wilt u een geluid toewijzen of wijzigen, dan selecteert u de gewenste gebeurtenis en kiest u een geluid uit de lijst **Geluiden**, of u klikt op **Bladeren** om geluiden uit een andere map te selecteren.

Als u de verschillende gebeurtenissen van de door u gewenste geluiden hebt voorzien, kunt u deze instelling als eigen schema opslaan. Klik daartoe op **Opslaan als**, boven in het venster Geluid.

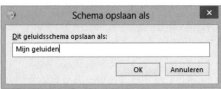

■ **Afbeelding 6.21**
Sla uw eigen instelling op als schema.

 Wav-bestanden
De geluiden in Windows 8.1 zijn opgeslagen in wav-indeling.

■ Een schermbeveiliging gebruiken

Schermbeveiligingen dateren uit de begintijd van de computer, toen het nog gebeurde dat letters die lang op dezelfde positie op het scherm ston-

■ **Afbeelding 6.22**
Instellingen voor de schermbeveiliging aanpassen.

den aan de binnenkant van de beeldbuis inbrandden. Met de komst van
flatpanels en grafische besturingssystemen is de noodzaak van een
schermbeveiliging – om die redenen tenminste – volledig achterhaald.
Toch kunt u in Windows 8.1 nog steeds een schermbeveiliging instellen.
Klik in het venster Persoonlijke instellingen op **Schermbeveiliging** om de
instellingen te wijzigen.

Een schermbeveiliging instellen

In het venster Instellingen voor schermbeveiliging kunt u in het kader
Schermbeveiliging de volgende instellingen maken:

- **Keuzelijst**   Selecteer hier de gewenste schermbeveiliging. In het
  kleine voorbeeldkader boven in het venster is te zien wat het effect is.

- **Instellingen**   Klik op de knop **Instellingen** om extra instellingen voor
  de gekozen schermbeveiliging te maken. Alleen voor 3D-tekst en
  Foto's zijn aparte instellingen te maken.

- **Voorbeeld**   Klik op de knop **Voorbeeld** om de schermbeveiliging
  aan het werk te zien. Beweeg de muis, veeg of druk op een toets om
  naar Windows 8.1 terug te keren.

- **Wachttijd**   Typ in het vak achter **Wacht** een tijd in minuten die
  Windows 8.1 wacht voordat de schermbeveiliging wordt ingeschakeld.

- **Aanmeldingsscherm weergeven bij hervatten**   Schakel deze optie
  in als u wilt dat het aanmeldvenster wordt getoond wanneer u op een
  toets drukt, veegt of de muis beweegt nadat de schermbeveiliging
  automatisch is ingeschakeld. Deze optie is handig als u niet wilt dat
  met uw computer wordt gewerkt wanneer u even van uw plek bent.

Bent u tevreden met de gewenste instellingen dan kunt u op **OK** klikken.
Let erop dat u de schermbeveiliging kunt uitschakelen door in de keuzelijst de optie **(Geen)** te kiezen.

Aanvullende instellingen

Voor de schermbeveiligingen Foto's en 3D-tekst kunt u aanvullende instellingen maken door op de knop **Instellingen** te klikken. Hebt u **Foto's**
geselecteerd (deze schermbeveiliging resulteert in een diavoorstelling),
dan biedt de knop **Instellingen** toegang tot het venster Instellingen voor
deze schermbeveiliging.

Selecteer hier welke foto's wilt gebruiken; klik daartoe op **Bladeren** om
een map of bibliotheek met foto's te selecteren. Onder in het venster

■ **Afbeelding 6.23**
Instellingen voor schermbeveiliging Foto's.

hebt u dan nog enkele opties tot uw beschikking waarmee u de weergave van de foto's kunt beïnvloeden. Klik op **Opslaan** om de gemaakte keuzen vast te leggen en geniet van de voorstelling.

De schermbeveiliging 3D-tekst toont een driedimensionale tekst die u zelf kunt bepalen en van kleur en andere effecten kunt voorzien.

 Direct3D

De schermbeveiliging 3D-tekst werkt alleen als de videokaart in de computer compatibel is met Direct3D.

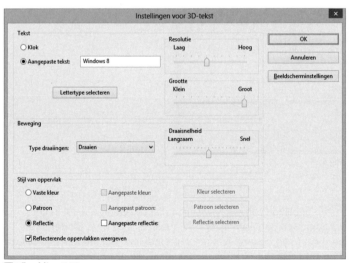

■ **Afbeelding 6.24**
Instellingen voor schermbeveiliging 3D-tekst.

Tot de leukste instellingen die u kunt wijzigen behoren:

■ **Klok of Tekst** Kies of u de tijd of een eigen tekst wilt weergeven. Klik op **Lettertype** om een lettertype te selecteren en gebruik de schuifregelaar **Grootte** om de grootte in te stellen.

■ **Beweging** Hiermee bepaalt u of de tekst op het scherm draait of beweegt. U kunt tevens de snelheid instellen.

■ **Stijl van oppervlak** Hier kiest u een oppervlak voor de tekst. Dit kan een afbeelding of een reflecterend oppervlak zijn. Gebruik de selectievakjes en de knoppen om meer instellingen te maken.

■ Muisaanwijzers aanpassen

Windows 8.1 kent nauwelijks grenzen als het gaat om het aanpassen van de gebruikersomgeving. Klik in het venster Persoonlijke instellingen op **Muisaanwijzers wijzigen** (links) om de aanwijzer in Windows 8.1 een ander uiterlijk te geven. Om het u makkelijk te maken hebt u standaard de beschikking over een groot aantal schema's.

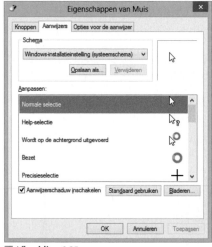

■ **Afbeelding 6.25**
Muisaanwijzers instellen.

Wilt u een bepaalde aanwijzer wijzigen dan selecteert u deze in het kader **Aanpassen** (tab **Aanwijzers**). Vervolgens klikt u op **Bladeren** en bladert u naar een bestand in cur- of ani-indeling. Op internet zijn talloze van dit soort bestanden voorhanden, evenals de programma's om zelf aanwijzers te ontwerpen.

Hebt u zelf aanwijzers toegevoegd, dan kunt u uw instellingen weer als schema opslaan. Klik daartoe op de knop **Opslaan als**.

Bureaubladpictogrammen

Linksboven in het venster Persoonlijke instellingen vindt u nog de taak Bureaubladpictogrammen wijzigen. Deze taak laat u bepalen welke pictogrammen u op het bureaublad wilt zien; schakel daarvoor de overeenkomstige selectievakjes in. Wilt u een pictogram wijzigen, klik dan in het voorbeeldkader op het gewenste pictogram en klik op **Ander pictogram**; u kunt dan een ander pictogram selecteren.

▉ Beeldscherminstellingen wijzigen

Over het algemeen zal Windows uw videokaart en monitor correct herkennen en instellen. Het is dan ook niet nodig om de beeldscherminstellingen te wijzigen. Vindt u dat dat wel nodig is – en weet u wat u doet – klik dan met de rechtermuisknop op een leeg deel van het bureaublad en kies de opdracht **Schermresolutie**. U gebruikt deze opdracht ook om de grootte van de tekst op het scherm aan te passen.

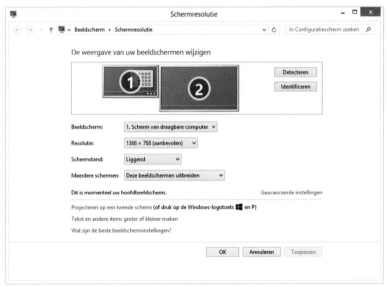

▉ **Afbeelding 6.26**

Het venster Schermresolutie. De mogelijkheden zijn afhankelijk van de videokaart die in de computer zit.

Gebruik de lijst **Resolutie** om het aantal beeldpunten waaruit het scherm is opgebouwd te vergroten of te verkleinen. Hoe hoger de resolutie, des te scherper het beeld. Maar doorgaans worden tekst en pictogrammen dan ook een stuk kleiner.

Hebt u meerdere beeldschermen op uw computer aangesloten, dan kunt u deze ten opzichte van elkaar 'positioneren' door een van de monitoren in het voorbeeldvak naar de gewenste locatie te slepen. Gebruik de selectievakjes om te bepalen welk scherm het hoofdscherm is en of het bureaublad over meerdere schermen moet worden uitgebreid. Een handige sneltoets om te onthouden is Win+P, zeker als u regelmatig met uw laptop op stap bent en deze op een projector wilt aansluiten. Via Win+P stelt u snel in welke informatie op het tweede scherm verschijnt.

■ **Afbeelding 6.27**
Selecteren welke informatie op het tweede scherm wordt getoond.

 Tekstgrootte aanpassen

Klik in het venster Schermresolutie op **Tekst en andere items groter of kleiner maken** om de weergave van teksten op het scherm aan te passen. Dit kan handig zijn bij beeldschermen met een hoge resolutie.

■ De taakbalk aanpassen

Ook de taakbalk kan naar wens worden ingericht – eerder in dit boek hebt u daar al het nodige over gelezen. Klik in het venster Persoonlijke instellingen linksonder op **Taakbalk en navigatie** en selecteer de tab **Taakbalk**.

■ **Afbeelding 6.28**
Het venster Eigenschappen van taakbalk en navigatie.

 ## Snelle toegang

Is het venster Persoonlijke instellingen niet geopend, dan kunt u het venster Eigenschappen van Taakbalk snel openen door met de rechtermuisknop op een leeg deel van de taakbalk te klikken en **Eigenschappen** te kiezen.

Taakbalk aanpassen

Op het tabblad **Taakbalk** kunt u de volgende opties in- of uitschakelen:

■ **Taakbalk vergrendelen**   Schakel deze optie in om de indeling van de taakbalk niet te kunnen wijzigen door pictogrammen erop van links naar rechts te slepen. Als u veel knoppen aan de taakbalk hebt vastgemaakt, kan het zinvol zijn om deze optie uit te schakelen. Een niet-vergrendelde taakbalk kunt u verplaatsen en vergroten (al dan niet per ongeluk!).

■ **Taakbalk automatisch verbergen**   Schakel deze optie in om de taakbalk te verbergen. Zodra de aanwijzer tegen de onderkant van het venster wordt geplaatst verschijnt de taakbalk automatisch.

■ **Kleine taakbalkknoppen gebruiken** Schakel deze optie in om de hoogte van de taakbalk te halveren. De taakbalk heeft nu de vorm van oudere Windows-versies.

■ **Locatie van de Taakbalk op het scherm** Maak een keuze uit de lijst voor de positie van de taakbalk op het scherm.

■ **Taakbalkknoppen** Maak hier de keuze om knoppen op de taakbalk met een gemeenschappelijke functie (bijvoorbeeld: mappen, of documenten uit één bepaald programma) gegroepeerd, als één knop weer te geven (standaardinstelling). Als u **Nooit combineren** kiest lijkt de werking op die van oudere Windows-versies.

■ **Systeemvak** Klik op de knop **Aanpassen** naast **Systeemvak** om aan te geven welke onderdelen u in het systeemvak wilt zien.

 ### Snel ontgrendelen en vergrendelen

U kunt de taakbalk snel ontgrendelen en weer vergrendelen door met de rechtermuisknop op een leeg deel van de taakbalk te klikken en **Taakbalk vergrendelen** te kiezen. Een vinkje voor de opdracht geeft aan dat de taakbalk is vergrendeld.

 ### Bureaublad weergeven

Mocht u zich afvragen waar de snelkoppeling **Bureaublad weergeven** is gebleven die zich vroeger in de werkbalk Snel starten bevond, dan volgt hier het antwoord: dat is een nagenoeg onzichtbare knop geworden die zich geheel rechts, naast de klok bevindt.

■ **Afbeelding 6.29**
De knop Bureaublad weergeven.

Nieuw in Windows 8.1: tab Navigatie

De tab **Navigatie** is nieuw in Windows 8.1, en u treft deze tab aan in het venster Eigenschappen van taakbalk en navigatie. Een aantal opties zal u – als u het begin van dit hoofdstuk hebt doorgenomen – bekend voorkomen. Interessant zijn de nieuwe opties in het kader Startscherm:

■ De eerste optie heeft tot gevolg dat niet het nieuwe startscherm, maar het bureaublad wordt getoond wanneer u Windows start of de apps op het scherm sluit.

De tab Navigatie.

- De tweede optie geeft uw bureaubladachtergrond op het startscherm weer.

- De derde optie is relevant als u meerdere beeldschermen hebt aangesloten: schakel deze optie in als u het startvenster wilt weergeven op het scherm waar u op dat moment mee bezig bent.

- De vierde optie heeft tot gevolg dat niet de traditionele tegelweergave wordt getoond, maar de Apps-weergave (dezelfde weergave die verschijnt wanneer u in het startscherm omhoog veegt).

- De vijfde optie toont bureaubladapps als eerste wanneer op categorie wordt gesorteerd.

Overige aanpassingen

Klik met de rechtermuisknop op een leeg deel van de taakbalk en kies **Eigenschappen** om nog de volgende aanpassingen te kunnen maken:

- **Werkbalken** Klik op de tab **Werkbalken** om meer werkbalken aan de taakbalk toe te voegen. Met name de werkbalk **Adres** is handig, want u kunt daarin een webadres (URL) typen waardoor u rechtstreeks naar de gevraagde website wordt gebracht (na drukken op Enter).

■ Afbeelding 6.32
De werkbalk Adres.

Datum, tijd en volume aanpassen

Klik op het klokje geheel rechts in het systeemvak en kies **Instellingen voor datum en tijd wijzigen** om het venster Datum en tijd weer te geven. Klik hierin op **Datum en tijd wijzigen** om de datum en de tijd te kunnen instellen (Windows houdt zelf rekening met zomer- en wintertijd). Gebruik desgewenst het tabblad **Extra klokken** om de klok van een andere tijdzone te kunnen weergeven.

■ Afbeelding 6.31
Het venster Datum en tijd en het venster met twee extra klokken, die u zelf kunt instellen. Klik op het klokje in het systeemvak om dit venster zichtbaar te maken.

Het volume van de luidsprekers past u aan door op het pictogram van het luidsprekertje in het systeemvak te klikken. Gebruik de schuifregelaar om de sterkte van het geluid aan te passen. Klik eventueel op **Mixer** om geluiden van andere onderdelen te kunnen aanpassen.

 Volume aanpassen in het startscherm

Wilt u vanuit het startscherm het volume aanpassen, druk dan op Win+I om de charm Instellingen te openen. Onderin ziet u een afbeelding van een luidspreker waarmee u het volume kunt aanpassen. Beschikt uw tablet of pc-toetsenbord over een aparte volumeregeling, dan kunt u die natuurlijk ook gebruiken.

Hoofdstuk 7

De computer delen

*De kans is groot dat u uw computer thuis met gezinsleden deelt.
Dan is het goed om te weten dat u Windows 8.1 zodanig kunt
inrichten, dat u uw privégegevens privé kunt houden. Daartoe
maakt u gebruik van zogeheten gebruikersaccounts: elke gebruiker
krijgt zijn eigen account. Zo'n account zorgt ervoor dat e-mail,
documenten en eigen instellingen (zoals gemaakt in het vorige
hoofdstuk) niet met anderen gedeeld worden. Dit hoofdstuk laat
zien hoe u gebruikersaccounts instelt en van wachtwoorden voor-
ziet en hoe u documenten op uw computer (toch) kunt delen.*

▓ Inleiding

Tijdens de installatie van Windows dient u uw gebruikersnaam op te
geven. Met deze gebruikersnaam kunt u zich aanmelden bij Windows.
Eventueel kunt u een wachtwoord instellen, zodat u kunt voorkomen dat
anderen met uw computer werken; om aan te kunnen melden moet dan
namelijk het juiste wachtwoord worden ingevuld. De gebruikersnaam
zorgt ervoor dat u toegang krijgt tot uw eigen 'deel' van Windows
(mappen, documenten, instellingen) en dit geheel wordt een gebruikersaccount genoemd.

Lokale en Microsoft-accounts

Windows 8.1 maakt onderscheid tussen een lokale account en een
Microsoft-account. Een lokale account is privé, en is alleen beschikbaar
op uw eigen computer. Een Microsoft-account is een via internet gedeeld
account, die Microsoft (deels) in de cloud voor u opslaat. Aan zo'n
account kunt u betaalgegevens koppelen, zodat u ook apps in de Store
kunt kopen. En u kunt zich met zo'n account op meerdere computers
aanmelden, waarbij bepaalde instellingen automatisch voor u worden
gesynchroniseerd.

Wat is een Microsoft-account?

Er is een grote kans dat u al over een Microsoft-account beschikt: Zowel Hotmail- als Live-accounts zijn namelijk Microsoft-accounts. U gebruikt zo'n account bijvoorbeeld ook om bij Xbox LIVE aan te melden. Maar ook uw eigen e-mailadres kan voor een Microsoft-account worden gebruikt.

Als u momenteel gebruikmaakt van een lokale account, volg dan de volgende stappen om over te schakelen naar aanmelding met een Microsoft-account:

1 Open de charm Instellingen (Win+I) en klik op **Pc-instellingen wijzigen**, **Accounts**.

Het venster Uw account verschijnt.

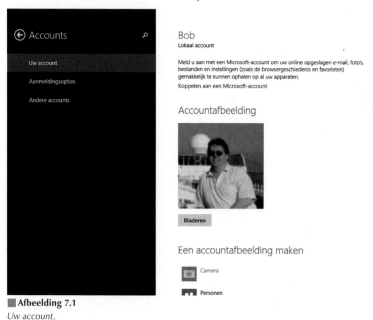

■ **Afbeelding 7.1**
Uw account.

2 Klik op **Koppelen aan een Microsoft-account**.

U wordt nu gevraagd om het wachtwoord van uw huidige – lokale – account in te voeren, dus doe dat en klik op **Volgende**.

3 Voer in het venster Aanmelden bij je Microsoft-account het e-mailadres van uw bestaande Microsoft-account in (bijvoorbeeld Hotmail of
Live.nl). Hebt u nog geen Microsoft-account, klik dan onder in het
scherm op **Een nieuw account maken** als u een nieuwe account wilt
maken; u kunt daarvoor desgewenst een bestaand e-mailadres gebruiken. U dient in dat geval enkele gegevens in te vullen, zoals een
(nieuw) wachtwoord, uw naam en de regio waar u woont. Voert u een
adres in dat Microsoft al kent, dan wordt dat ook gemeld en moet u
het wachtwoord voor dat e-mailadres invoeren.

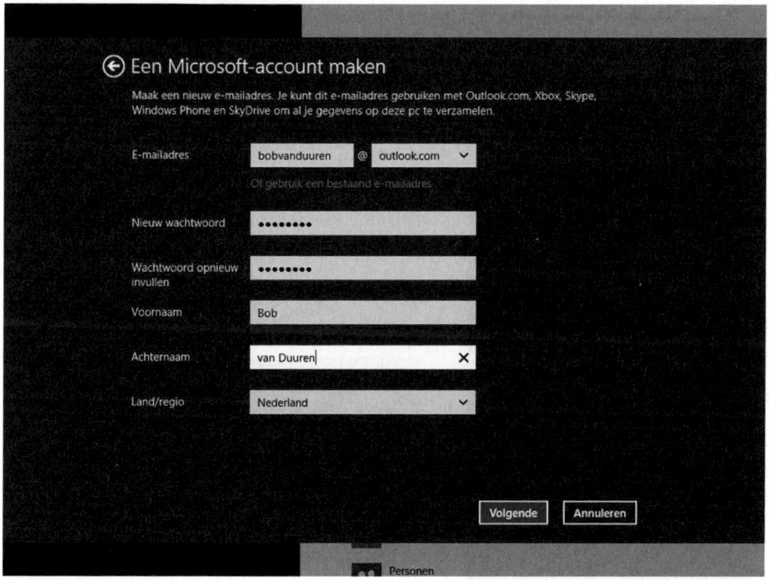

Afbeelding 7.2
Een nieuwe account instellen.

4 Meldt u zich (uiteindelijk) aan met een geldige Microsoft-account, dan
vraag Windows om het bijbehorende wachtwoord. Voer dat in en klik
op **Volgende**.

5 Windows controleert de gegevens en toont mogelijk enkele verificatie-
gegevens, zoals uw telefoonnummer en een alternatief e-mailadres,
voor zover dat aan uw Microsoft-account is gekoppeld (gebruikt u bijvoorbeeld ook een Windows Phone met dezelfde account, dan is het
telefoonnummer bij Microsoft bekend). Controleer de gegevens, voer
eventueel de code in en klik op **Volgende**.

6 De computer is nu bijna gereed om met uw nieuwe account te werken. Klik op **Voltooien** om het proces af te sluiten.

Tijdens het proces ontvangt u een sms'je of een e-mail van Microsoft. Dit is een extra beveiligingsmaatregel, en u wordt bovendien uitgenodigd om de (nu) aan uw account nieuw toegevoegde computer te vertrouwen.

Als u nu op het startscherm kijkt, ziet u rechtsboven dat u met uw Microsoft-account bent aangemeld.

 Toch weer lokaal?

Druk weer op Win+I en kies **Pc-instellingen wijzigen**, **Accounts**, **Uw account** om uw lokale account weer te kunnen gebruiken. Klik daartoe op **Koppeling verbreken**.

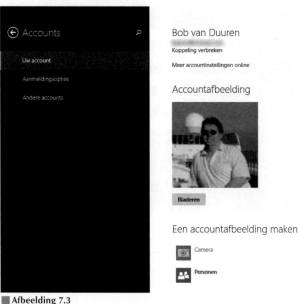

■ **Afbeelding 7.3**
Uw account is nu een Microsoft-account.

Meerdere accounts

In Windows kunt u meerdere gebruikersaccounts maken, zodat u de computer met anderen kunt delen. Door gebruikersaccounts in te stellen hebben gebruikers van de computer controle over hun eigen e-mail, webpagina's, instellingen, documenten, mappen enzovoort. Gebruikt zoonlief bij voorkeur een mooie raceauto als achtergrond en dochterlief een foto van hond Bello, dan is dat geen probleem; deze instellingen zijn onderdeel van de gebruikersaccount.

Typen accounts

Windows kent drie verschillende typen accounts, die u voor verschillende doelen gebruikt:

- **Standaardaccount** Deze account gebruikt u voor de 'normale' gebruikers op uw computer; het is verstandig ook zelf met een standaardaccount te werken. Met de standaardaccount kunt u alle gangbare acties uitvoeren, behalve de acties die invloed hebben op andere gebruikers. De standaardaccount biedt ook geen toegang tot documenten van anderen die met een wachtwoord beveiligd zijn.

- **Beheerdersaccount (administrator)** Deze account kent geen beperkingen en laat u alles op de computer doen wat mogelijk is. Toch is het zinvol om dit type niet standaard te gebruiken.

- **Kind** Deze account maakt het mogelijk om via Ouderlijk toezicht informatie over het computergebruik te ontvangen.

Beheerder = administrator

De beheerder wordt in Windows *administrator* genoemd. In dit boek gebruiken we meestal de term beheerder.

Het is verstandig om ook voor uzelf een standaardaccount op te zetten, en daarnaast een aparte beheerdersaccount aan te maken die u *niet* standaard gebruikt. Mocht u dan ooit eens belangrijke wijzigingen in de computer willen aanbrengen, dan kunt u zich altijd met uw beheerdersaccount aanmelden. Maar Windows biedt u gelukkig ook de mogelijkheid om vanuit uw standaardaccount beheerderstaken uit te voeren; u dient dan wel het beheerderswachtwoord in te voeren.

Het nut van accounttypen

Windows kent de verschillende typen accounts omwille van de beveiliging. De mogelijkheden van een standaardaccount zijn beperkter. Dat betekent dat een gebruiker met een standaardaccount minder schade kan aanrichten. Maar dat niet alleen: ook programma's die binnen een standaardaccount worden uitgevoerd 'kunnen' minder. Dat is een prima beveiliging tegen ongewenste programma's zoals virussen en spyware.

Nieuwe account maken

Om een nieuwe gebruiker toe te voegen gaat u als volgt te werk:

1 Open de charm Instellingen en klik op **Pc-instellingen wijzigen, Accounts**.

2 Klik op **Andere accounts, Een account toevoegen**.

 Vanuit het Configuratiescherm

Wilt u een gebruiker liever vanuit het Configuratiescherm (Win+X, C) toevoegen, dan komt u bedrogen uit. Via de optie **Gebruikers- accounts en Ouderlijk toezicht, Gebruikersaccounts** kunt u namelijk geen account meer toevoegen. U dient in het Configuratiescherm **Wijzigingen aanbrengen in mijn account in Pc-instellingen** te selecteren, wat overeenkomt met de stappen 1 en 2 hiervoor.

Configuratiescherm

Uw referenties beheren

Uw certificaten voor
bestandsversleuteling beheren

Geavanceerde eigenschappen
van gebruikersprofiel
configureren

Mijn omgevingsvariabelen
wijzigen

Het beveiligingsbeleid
opnieuw instellen

Uw gebruikersaccount wijzigen

Wijzigingen aanbrengen in mijn
account in Pc-instellingen

Uw accounttype wijzigen

Een ander account beheren

Instellingen voor Gebruikersaccountbeheer
wijzigen

■ **Afbeelding 7.4**
Rechtstreeks een nieuwe account maken in het Configuratiescherm is er niet meer bij.

3 Let nu op: standaard zal Windows ervan uitgaan dat u een nieuwe gebruiker op basis van een Microsoft-account wilt toevoegen; vandaar dat om een e-mailadres wordt gevraagd. Wilt u een lokale account toevoegen, dan dient u onder in het scherm op de optie **Aanmelden zonder Microsoft-account** te klikken.

4 Klikt u in de vorige stap op de aangegeven optie, dan volgt een scherm waarin wordt uitgelegd wat het verschil is tussen een Microsoft-account en een lokale account. Dat weten we inmiddels, dus selecteer onderin de optie van uw keuze.

5 Voer de gewenste gegevens in en klik op **Volgende**.

Er wordt een samenvatting gegeven van de account, en er wordt
gevraagd of u een account voor een kind maakt. Zo ja, dan wordt u
uitgenodigd Ouderlijk toezicht in te schakelen; daarover leest u meer
later in dit hoofdstuk.

Een gebruiker toevoegen

De volgende gebruiker kan zich aanmelden bij deze pc.

Timmie
Lokaal account

☑ Is dit een account van een kind? Schakel Ouderlijk toezicht in om rapporten te krijgen van het
pc-gebruik van het kind.

■ **Afbeelding 7.5**
Bepaal of het een account voor een kind is.

Vanuit het aanmeldvenster kunt u zich nu (eventueel) met de andere
account aanmelden door naast de accountafbeelding op de naar links
wijzende pijl te klikken.

Account verwijderen
Als u een account wilt verwijderen klikt u op de pagina Andere
accounts op de gewenste accountnaam. Er verschijnen nu twee opties:
Bewerken en **Verwijderen**. Klik op **Verwijderen** om een account te
verwijderen. Let op: alle informatie die bij die account hoort – inclusief
gebruikersbestanden – gaat hiermee verloren. Maak dus desgewenst
eerst een back-up.

Account voor toegewezen toegang
Nieuw in Windows 8.1 is de account voor toegewezen toegang. Dit
accounttype heeft slechts toegang tot één app uit de Windows Store,
en het moet een bestaande account zijn, die geen beheerdersrechten
mag hebben.

Gebruikersaccountbeheer

Gebruikersaccountbeheer is de voorziening in Windows die dit alles
regelt. In feite is de taak van Gebruikersaccountbeheer eenvoudig:

■ Voor taken die potentieel gevaarlijk zijn wordt de gebruiker met een beheerdersaccount gewaarschuwd. Hij of zij moet dan op **Ja** klikken, waarna de handeling wordt vervolgd.

■ Taken die potentieel gevaarlijk zijn kunnen door een gebruiker met een standaardaccount niet worden uitgevoerd. Windows vraagt echter om het wachtwoord van de beheerder om de taak alsnog uit te voeren, dus als u tevens beheerder van de computer bent kunt u ook met een standaardaccount dit soort taken uitvoeren.

Het is derhalve een goede gewoonte om altijd met een standaardaccount te werken, omdat deze de meeste beveiliging biedt. Het is dan ook zeker niet verstandig Gebruikersaccountbeheer *uit* te schakelen, alhoewel Windows die mogelijkheid wel biedt.

Gebruikersaccountbeheer uitschakelen

Wanneer u Gebruikersaccountbeheer uitschakelt wordt u niet meer gewaarschuwd voor potentieel gevaarlijke taken. Omdat kwaadwillende programma's dan ook niet meer worden opgemerkt doet u er verstandig aan Gebruikersaccountbeheer niet uit te schakelen. Bent u een ervaren gebruiker en ervan overtuigd dat u Gebruikersaccountbeheer niet – of in mindere mate – nodig hebt, dan kunt u de instellingen als volgt aanpassen: open het Configuratiescherm en klik op **Gebruikersaccounts en Ouderlijk toezicht**. Klik aansluitend op **Gebruikersaccounts**, **Instellingen voor Gebruikersaccountbeheer wijzigen**. U kunt nu een van de vier niveaus selecteren, waarbij het laagste niveau overeenkomt met geen beveiliging.

■ **Afbeelding 7.6**

Instellingen voor Gebruikersaccountbeheer maken.

Welke taken vereisen beheerdersrechten?

Taken die beheerdersrechten vereisen zijn in Windows te herkennen aan het blauw-gele schildje.

◼ Accounts onderhouden

In deze paragraaf leert u hoe u een gebruikersaccount onderhoudt.

Een account bewerken

U kunt in het Configuratiescherm (Gebruikersaccounts) een account direct bewerken, bijvoorbeeld om een wachtwoord in te stellen. Dat is niet verplicht (en voor kleine kinderen wellicht niet zo handig), maar zeker voor volwassen huisgenoten is het verstandig om een wachtwoord in te stellen. Overigens kunnen gebruikers hun eigen wachtwoord te allen tijde wijzigen (zie ook de volgende paragraaf). Ook kunnen gebruikers met een account zonder wachtwoord zelf een wachtwoord instellen. Klik in het venster Gebruikersaccounts op **Een ander account beheren** om een andere account te kunnen beheren.

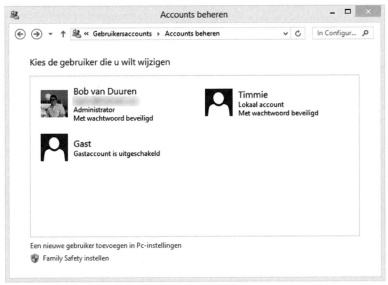

◼ **Afbeelding 7.7**
Het venster Accounts beheren.

In het venster Accounts beheren wordt per account aangegeven of de account is in- of uitgeschakeld (zoonlief straf? Schakel zijn gebruikersaccount – tijdelijk – uit). Ook ziet u hier of een account met een wachtwoord is beveiligd. Wilt u een account wijzigen, klik dan op de naam van de account. Het venster Een account wijzigen verschijnt dan.

Afbeelding 7.8
Wijzig hier de instellingen van de account.

Hier kunt u:

- **De accountnaam wijzigen** Laat u de naam van de account wijzigen.

- **Een wachtwoord instellen** Laat u een wachtwoord voor de account instellen. Omdat dit van invloed kan zijn op eerdere activiteiten die de gebruiker op de computer heeft uitgevoerd, wordt u gewaarschuwd. Zolang u geen documenten bewust hebt versleuteld is er echter niet zo veel aan de hand. U dient het wachtwoord overigens tweemaal in te voeren. U kunt ook een geheugensteun invoeren, maar die zal voor alle andere gebruikers zichtbaar zijn; een geheugensteun als 'mijn wachtwoord is: pietje' is derhalve niet aan te bevelen. 'Kenteken van mijn eerste auto' heeft al meer zin, mits u de enige bent die dat (nog) weet en u dit kenteken niet vergeet!

▓ **Family safety (Ouderlijk toezicht) instellen**   Laat u beperkingen voor andere gebruikers opleggen. Hierover leest u meer later in dit hoofdstuk, in de paragraaf Ouderlijk toezicht.

▓ **Het accounttype wijzigen**   Laat u een standaardaccount omzetten in een beheerdersaccount of andersom.

▓ **De account verwijderen**   Dit verwijdert een account en de documenten, e-mailberichten, instellingen enzovoort die bij deze account horen. Een aantal van de documenten kan bewaard worden, maar niet alle. Klik op **Bestanden verwijderen** om alles te verwijderen of klik op **Bestanden bewaren** om persoonlijke mappen met documenten te bewaren. E-mailberichten en andere instellingen gaan echter verloren.

Door op **Een ander account beheren** te klikken keert u terug naar het venster Accounts beheren.

En de afbeelding dan?

Tja… de afbeelding bij de gebruikersaccount wijzigt u in de Pc-instellingen (bij Persoonlijke instellingen; zie pagina 132).

Een standaardaccount beheren

Als u over een standaardaccount beschikt kunt u alleen uw wachtwoord of uw afbeelding wijzigen; het is helaas – maar begrijpelijkerwijs – niet mogelijk om zonder tussenkomst van een beheerder uw standaardaccount om te zetten in een beheerdersaccount. Wilt u van uw standaardaccount de afbeelding of het wachtwoord wijzigen, dan gaat u als volgt te werk:

1 Open de charm Instellingen en kies **Pc-instellingen wijzigen**.

2 Kies een van de volgende opties:

■ **Wachtwoord wijzigen**   Klik in de categorie **Accounts** op **Aanmeldingsopties** en klik onder het kopje Wachtwoord op **Wijzigen** om een nieuw wachtwoord te kiezen. U moet wel eerst het oude wachtwoord invoeren.

■ **Afbeeldingswachtwoord toevoegen**   Klik in dezelfde categorie onder het kopje Afbeeldingswachtwoord op **Toevoegen** om een afbeeldingswachtwoord toe te voegen. Dit is een wachtwoord dat u 'tekent' door met uw vinger over een afbeelding te bewegen.

■ **Pincode** Klik in dezelfde categorie onder het kopje Pincode op **Toevoegen** om een pincode als wachtwoord toe te voegen. Hiermee ontgrendelt u met name aanraakgevoelige apparaten snel.

Wachtwoorden vervangen elkaar niet!

Als u zowel een gewoon wachtwoord, een afbeeldingswachtwoord als een pincode hebt ingesteld, kunt u zich met elk van deze wachtwoorden aanmelden. Dat is handig als het u niet meer lukt uw apparaat met een afbeeldingswachtwoord te ontgrendelen. Tik bij het invoeren van het afbeeldingswachtwoord op **Naar wachtwoord** om u met het toetsenbord te kunnen aanmelden; tik op het reguliere aanmeldscherm op **Aanmeldingsopties** als u een andere methode wilt gebruiken.

■ **Accountafbeelding** Zie pagina 132 voor aanwijzingen hoe u hier uw accountafbeelding aanpast.

■ Openbare mappen

Wanneer u uw computer deelt met anderen, wilt u natuurlijk niet dat uw documenten 'op straat liggen'. Het goede nieuws is dan ook dat gebruikers met een standaardaccount alleen bij hun eigen documenten kunnen. Windows 8.1 maakt op de vaste schijf een hoofdmap Gebruikers, met daarin per account een submap met de naam van de account. Alleen de map van uw eigen (standaard)account kunt u bekijken; andere mappen zijn alleen toegankelijk als u het wachtwoord van de beheerder kent.

■ **Afbeelding 7.9**
Daar kunt u dus niet bij.

Veiligheid voor alles derhalve. Maar het is natuurlijk lastig als u documenten juist bewust wilt delen; denk bijvoorbeeld aan de cd-verzameling, gemeenschappelijke documenten en opgenomen televisie-uitzendingen. Vandaar dat Windows 8.1 een voorziening kent die 'openbare mappen' wordt genoemd. Openbare mappen zijn mappen die door iedereen toegankelijk zijn en waarin u documenten kunt plaatsen die u met anderen wilt delen.

Documenten in openbare mappen

Om documenten in openbare mappen te plaatsen gaat u als volgt te werk:

1 Klik in de taakbalk van het bureaublad op **Verkenner** en open de bibliotheek (!) Documenten. Blader desgewenst door naar een submap.

2 Klik in de structuur eventueel op het driehoekje bij **Documenten** om de structuur zichtbaar te maken, mocht deze niet zichtbaar zijn.

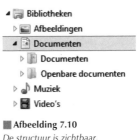

■ **Afbeelding 7.10**
De structuur is zichtbaar.

3 Sleep een document vanuit uw eigen map boven op de map Openbare documenten. Hiermee verplaatst u het document naar de map. Houd eventueel de Ctrl-toets ingedrukt om het document naar de gewenste map te kopiëren (zie ook hoofdstuk 4).

4 Wilt u de inhoud van de map Openbare documenten zichtbaar maken, klik er dan op.

Documenten in openbare mappen kunnen door alle gebruikers van de computer benaderd worden.

 Opslaan als

Op dezelfde wijze kunt u vanuit een programma rechtstreeks in een openbare map opslaan: klik – indien noodzakelijk – op **Door mappen bladeren**, maak de structuur zichtbaar en selecteer een openbare map.

 Ook voor muziek, afbeeldingen en video's

Ook de bibliotheken Muziek, Afbeeldingen en Video's bevatten openbare mappen, die op dezelfde wijze gebruikt kunnen worden.

Ouderlijk toezicht

Wilt u het gebruik van de computer beperken, dan kunt u gebruikmaken van de voorziening **Ouderlijk toezicht**. Meld u daarvoor aan met een beheerdersaccount en kies **Ouderlijk toezicht voor een gebruiker instellen** in het Configuratiescherm.

Afbeelding 7.11
Het venster Ouderlijk toezicht.

Ouderlijk toezicht instellen

De werking van Ouderlijk toezicht is in Windows 8.1 enigszins gewijzigd. Zoals u in dit hoofdstuk hebt kunnen lezen, beschikt Windows 8.1 over het accounttype 'kind'. Deze accounts zijn automatisch in Ouderlijk toezicht beschikbaar. Wilt u dat niet, wijzig het accounttype dan in 'standaard'.

Om Ouderlijk toezicht te kunnen gebruiken dient er dus minimaal één account van het type 'kind' te zijn. Klik vervolgens in het Configuratiescherm op **Ouderlijk toezicht voor een gebruiker instellen** onder het kopje **Gebruikersaccounts en Ouderlijk toezicht**. In het venster Ouderlijk toezicht dat verschijnt, klikt u aansluitend op **Instellingen op de Family Safety-website beheren**. De website van Family Safety verschijnt dan, waar u kinderen en computers kunt beheren.

Hoofdstuk 8

Internet-apps

*Uiteraard is Windows 8.1 ingericht om met internet te kunnen
werken. In dit hoofdstuk bespreken we de belangrijkste
internetprogramma's en -apps.*

▊ Surfen met Internet Explorer

De 'uitvinding' van het WWW aan het begin van de jaren negentig heeft
een belangrijke rol gespeeld bij de populariteit van internet. Dankzij het
bijbehorende *HyperText Transfer Protocol* (HTTP) werd het mogelijk om
afbeeldingen en kleur in documenten te gebruiken. Bovendien deed de
hyperlink of (hyper)koppeling haar intrede, waarmee documenten op het
WWW eenvoudig met elkaar 'verbonden' konden worden; één druk op
de knop is voldoende om een andere pagina te openen, die zich op een
computer aan de andere kant van de wereld kan bevinden.

Wat is surfen?

Het rondneuzen op het wereldwijde web wordt surfen genoemd; u
surft van de ene webpagina naar de andere en van de ene website
naar de andere. En dat alles zonder een nat pak te halen.

Rol van de browser

De browser is een universeel stukje software waar inmiddels hele (zakelijke) oorlogen over worden gevoerd. Iedereen wil op internet, dus zijn
leveranciers er happig op om een browser te maken die zo veel mogelijk
functionaliteit biedt. Gangbare browsers zijn Internet Explorer, Firefox,
Google Chrome en Opera. Alhoewel alle browsers in staat zijn om
HTML-pagina's zo goed mogelijk weer te geven, doen ze dat alle op een
eigen en daardoor soms verschillende wijze. Vandaar dat u op websites
vaak leest dat ze zijn geoptimaliseerd voor Internet Explorer. Windows
8.1 wordt overigens geleverd met twee versies van Internet Explorer: als
app en als reguliere Windows-toepassing.

Een eerste surfsessie met de app

Volg de onderstaande stappen om een website te bezoeken.

1 Zorg dat u verbonden bent met internet.

2 Klik in het startscherm op de tegel **Internet Explorer**.

Het browservenster wordt geopend en de zogeheten *startpagina* verschijnt. U kunt deze startpagina zelf bepalen.

3 Klik in de adresregel onderin; deze is te herkennen aan de (vaak cryptische) tekst die begint met `http://`.

De tekst in de regel wordt blauw gemarkeerd, ten teken dat deze geselecteerd is. U kunt nu de naam van een andere website invoeren; u hoeft niet eerst op Delete of een andere toets te drukken.

Url

Een internetadres wordt ook vaak URL (*Uniform Resource Locator*) genoemd. Een complete URL bestaat uit een protocol, een domein en een pagina. Bijvoorbeeld: **http://www.omroep.nl/index.html**.

---

4 Typ `www.vanduurenmedia.nl` en druk op Enter (u hoeft zelf geen `http://` te typen). De website van Van Duuren Media verschijnt in beeld.

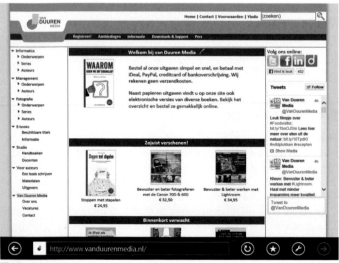

Afbeelding 8.1
De eerste website in de browserapp.

De pagina die verschijnt, is opgebouwd uit tekst, kleur en afbeeldingen. Op de pagina staan verwijzingen naar andere webpagina's of
websites, die afwijkend van kleur en/of onderstreept zijn. Ook kan een
afbeelding naar een andere webpagina verwijzen. U kunt dit controle-
ren door de aanwijzer over de pagina te bewegen; verandert deze in
een handje, dan hebt u zo'n koppeling te pakken. Linksonder in de
browser (boven de adresregel) verschijnt het adres van de webpagina
die zal verschijnen als u op de koppeling klikt.

5 Klik op een koppeling naar keuze. De nieuwe pagina verschijnt in de
browser.

Gebruik de schuifbalken om de pagina binnen het browservenster te
verschuiven, mocht niet alle tekst leesbaar zijn.

Koppelingen in verschillende kleuren

Soms hebben koppelingen op een pagina verschillende kleuren. Dat
duidt aan dat u bepaalde pagina's al hebt bezocht. De gebruikte kleuren liggen al lang niet meer vast, maar 'vroeger' was het zo dat niet-
bezochte koppelingen blauw en wel-bezochte koppelingen rood (of
paars) werden weergegeven.

Gebruik de knop **Vorige** (de naar links wijzende pijl linksonder) om naar
de vorige pagina terug te keren. Klik op de knop **Stop** (het kruisje rechts
naast de adresbalk) als u een pagina hebt opgevraagd die niet wil verschijnen of te lang duurt om te laden; u kunt dan alsnog op **Vorige** klikken of een nieuw adres invullen. Aardige adressen die u in uw eerste
surfsessie kunt uitproberen zijn:

- www.omroep.nl / www.vrt.be

- www.telegraaf.nl / www.destandaard.be

- www.volkskrant.nl / www.demorgen.be

- www.nrc.nl / www.hetnieuwsblad.be

- www.veronica.nl / www.vtm.be

- www.smulweb.nl / www.resto.be

- www.cnn.com

- www.google.nl / www.google.be

- www.startpagina.nl / www.startpagina.be

Afbeelding 8.2

Via Startpagina.nl hebt u toegang tot duizenden andere sites.

 Met of zonder www?

De tekst www. voor de naam van een domeinnaam geeft aan dat u hiermee de World Wide Web-server van de organisatie bezoekt. Veel bedrijven zijn echter ook bereikbaar direct op hun domeinnaam (dus zonder www.), zoals bijvoorbeeld **cnn.com**. In sommige gevallen bevat een websitenaam in het geheel geen **www**, zoals bijvoorbeeld **earth.google.nl**.

Technieken

In beginsel is Internet Explorer een eenvoudig gereedschap. In de vorige paragraaf hebt u de belangrijkste handelingen al leren kennen. In de tabel treft u een samenvatting aan.

Handeling	Actie
Een website openen	Typ de naam van de website in de adresregel.
Een koppeling openen	Klik op de koppeling (de aanwijzer heeft de vorm van een handje). Druk op Shift terwijl u klikt om de pagina op een nieuw tabblad te openen (zie later).

Een pagina teruggaan	Klik op de knop **Vorige**.
Een pagina vooruit gaan	Klik op de knop **Volgende**, helemaal rechts naast de adresregel; dit kan alleen als u eerst op **Vorige** hebt geklikt.
Het laden van een pagina onderbreken	Klik op de knop **Stop** (het rode kruisje).
Een pagina opnieuw laden	Klik op de knop **Vernieuwen** (het kromme pijltjes).
Een pagina afdrukken	Druk op Ctrl+P, selecteer een printer en klik op de knop **Afdrukken**.
Het adres van een pagina naar iemand verzenden	Open de charmbalk (Win+C) en kies **Delen**. Met de optie **Personen** deelt u de pagina op sociale media, met de optie **E-mail** verstuurt u de informatie per e-mail (zie later dit hoofdstuk).

Op zoek naar websites

Om een bepaalde website in de browser weer te geven, moet u het WWW-adres kennen. Nu is dat vaak eenvoudig: het adres is vaak www.bedrijfsnaam.nl of www.bedrijfsnaam.com. U kunt te allen tijde 'gokken' op de naam van de website; met www.philips.nl, www.abnamro.nl, www.postbank.nl en www.belastingdienst.nl zit u altijd goed. Blijkt een adres niet te werken, probeer dan de .com-variant (www.philips.com, www.sony.com enzovoort). Via de site www.start-pagina.nl hebt u toegang tot duizenden websites in talloze categorieën, zodat u ook op die manier ongetwijfeld kunt vinden wat u zoekt.

Lukt het u echter niet om een pagina over een bepaald onderwerp, product of dienst te vinden, dan kunt u uw toevlucht nemen tot een zogenoemde zoekmachine. Internet kent talloze zoekmachines die het vinden van informatie op internet kunnen vergemakkelijken. Bekende zoekmachines zijn:

- www.google.nl / www.google.be
- www.bing.com
- www.ilse.nl
- www.vinden.nl

Op de site van de zoekmachine voert u een of meer zoekwoorden in en drukt u op Enter, of klikt u (in de webpagina!) op de knop die vaak **Zoeken**, **Vinden** of **Find It** heet. Als uw zoekwoorden in de database van de zoekmachine worden gevonden, krijgt u een overzicht van de relevante pagina's te zien.

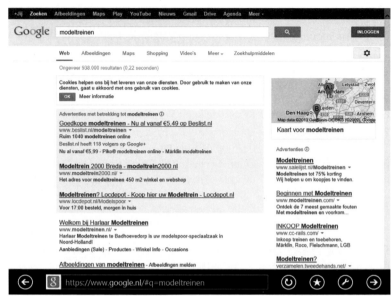

Afbeelding 8.3

Succes! Google heeft diverse pagina's op het zoekwoord 'modeltreinen' gevonden.

 Zoeken via de adresbalk

U kunt in de adresbalk ook een term typen die geen webadres is. Type bijvoorbeeld modeltreinen en druk op Enter; er wordt nu – via Microsofts zoekmachine Bing – een overzicht van sites getoond die het zoekwoord als onderwerp hebben. Klik op een van de sitenamen om deze direct te openen.

Favorieten gebruiken

Hebt u een leuke website gevonden, dan kunt u het adres ervan aan een lijst met favoriete adressen toevoegen. U plaatst deze adressen naar keuze op het startscherm, of in de map Favorieten.

Afbeelding 8.4

De Favorieten in de app.

Vanuit Internet Explorer voegt u favoriete websites toe door op de knop **Website vastmaken** te klikken, die u rechts naast de adresbalk aantreft (het sterretje). U gaat als volgt te werk:

1 Blader naar een website die u aan uw favorieten wilt toevoegen. Typ bijvoorbeeld `www.vanduurenmedia.nl` in de adresregel en druk op Enter.

2 Klik op de knop **Favorieten**. Er verschijnt een menu met rechts boven de webpaginategels de volgende opties:

  ■ **Aan Favorieten toevoegen**   Deze optie plaatst het adres van de website in de map Favorieten van Internet Explorer, die ook door de 'grote' bureaubladversie wordt gebruikt (sterretje met plusteken).

  ■ **Website vastmaken**   Deze optie plaatst een tegel naar de webpagina op het startscherm (punaise).

Om een favoriete website te bezoeken klikt u in de adresregel. U ziet nu vaak bezochte websites verschijnen. Klik op de knop Favorieten en uw favoriete websites verschijnen. Klik desgewenst op het pijltje naast de tekst Favorieten om een categorie te selecteren. Klik met de rechtermuisknop op een tegel om deze in een ander tabblad te openen.

Aanvullende mogelijkheden

De app biedt nog enkele extra's, die we in deze paragraaf kort toelichten.

  ■ **Zoeken op de pagina**   Druk op Ctrl+F of klik op de knop **Hulpprogramma's voor pagina's** (de sleutel) om de webpagina zelf op tekst te kunnen doorzoeken. Het zoekwoord wordt gemarkeerd op de pagina weergegeven, zodat u het snel lokaliseert.

  ■ **Op het bureaublad weergeven**   Onder de knop **Hulpprogramma's voor pagina's** (de sleutel) bevindt zich de opdracht **Op het bureaublad weergeven**. Klik hierop om de geopende pagina in de 'grote' versie van Internet Explorer te tonen (zie hierna).

  ■ **Tabbladen**   Wanneer u de appbalk opent (rechtermuisknop of vanuit de onderrand omhoog vegen), verschijnen in eerste instanties de websites die op verschillende tabs zijn geopend. Druk op de plusknop (**Nieuw tabblad**) om een nieuw, leeg venster te openen. Op die manier kunt u meerdere webpagina's tegelijk openen. De geopende sites worden eveneens in de navigatiebalk getoond. U wisselt snel tussen sites door op de afbeelding van de webpagina te klikken.

Sneltoets

Een nieuw tabblad opent u snel via de toetsencombinatie Ctrl+T. Met Ctrl+1, Ctrl+2, Ctrl+3 enzovoort navigeert u naar tabblad 1, tabblad 2 enzovoort. Ctrl+F4 sluit een tabblad.

■ **Tabbladmenu** Via de knop **Tabbladmenu** in de navigatiebalk (de drie puntjes) kunt u een zogeheten InPrivate-tabblad openen. Surfgedrag wordt op dat tabblad niet bewaard, waardoor de browser geen 'sporen' op het systeem achterlaat.

■ Internet Explorer 11

In Windows 8.1 treft u – naast de zojuist besproken app – ook versie 11 van Internet Explorer aan. U opent deze browser bijvoorbeeld vanuit de app (zoals hiervoor besproken), of op het bureaublad via de knop **Internet Explorer** in de taakbalk.

Geen knop?

Door de voortdurende schermutselingen tussen de EU en Microsoft kan het zijn – als gevolg van een niet afgeronde procedure in het browserkeuzescherm – dat de knop niet meer zichtbaar is in de taakbalk. Wilt u Internet Explorer toch onder handbereik hebben, druk dan eenmalig op Win+R en typ `iexplore`, waarna u op Enter drukt. Internet Explorer wordt nu gestart. Klik met de rechterknop op de knop van Internet Explorer in de taakbalk (nu staat de knop er wel!) en kies **Dit programma vastmaken aan de taakbalk**.

Webbrowser(s) selecteren

■ **Afbeelding 8.5**

Het browserkeuzescherm.

De werking van Internet Explorer komt grotendeels overeen met de app,
maar uiteraard is het grote broertje iets uitgebreider. Zo zijn tabbladen
duidelijker zichtbaar, hebt u toegang tot de startpagina (het huisje rechtsboven), favorieten, feeds en geschiedenis (de knop met het sterretje
rechtsboven in het browservenster) en biedt het menu **Extra** (het tand-
wiel) toegang tot veel geavanceerde functies. En de adresregel bevindt
zich bovenin, waarbij de knoppen **Vorige** en **Volgende** zich beide links
van het adresvak bevinden.

Menubalk

Het oprukkende lint en nieuwe gebruikersinterfaces ten spijt: Internet
Explorer heeft nog steeds een traditionele menubalk. U maakt deze
zichtbaar door op Alt te drukken.

Tot de nuttige functies van Internet Explorer 11 behoren onder andere:

- Tabbladen
- RSS-feeds lezen
- Beveiliging

Tabbladen

Wanneer u op een koppeling klikt of een adres in de adresregel invoert,
vervangt de nieuwe pagina de huidige pagina. Het is echter ook mogelijk
om een nieuwe pagina op een aparte tab te laten verschijnen; hierbij
wordt de tab met de huidige pagina bewaard. Vervolgens is het eenvoudig om tussen de pagina's te wisselen, door op de gewenste tab te klikken.

■ Afbeelding 8.6
Tabs in Internet Explorer. Rechts ziet u de 'lege' tab.

Wilt u een nieuw webadres in de adresregel invoeren en wilt u deze
webpagina op een aparte tab laten verschijnen, klik dan eerst op de lege
tab. Internet Explorer geeft aan dat u een nieuw tabblad hebt geopend.
Typ het adres op de bekende wijze in de adresbalk en druk op Enter; de
pagina verschijnt op de nieuwe tab. U kunt nu schakelen tussen de
pagina's door op de desbetreffende tab te klikken.

Het is ook mogelijk om op een koppeling te klikken en die pagina op een nieuwe tab te laten verschijnen. Houd in dat geval de Ctrl-toets ingedrukt terwijl u op de koppeling klikt. De pagina wordt overigens wel geladen (er verschijnt een tab), maar de tab wordt zelf niet geactiveerd; u moet dus ook nog op de tab klikken om de pagina zichtbaar te maken. Vindt u dat onhandig, dan kunt u met ingedrukte Ctrl- en Shift-toets op een koppeling klikken, waardoor de pagina ook direct zichtbaar wordt.

Hebt u verschillende tabs beschikbaar, dan kunt u de volgende technieken gebruiken:

■ Klik op het kruisje naast de naam van een tab om de pagina te sluiten. Of klik met de rechtermuisknop op de tab en kies **Sluiten**.

■ Klik op **Favorieten**, de pijl naast de knop **Aan Favorieten toevoegen** en vervolgens op **Huidige tabbladen aan Favorieten toevoegen** om alle geopende tabbladen in één keer aan de lijst Favorieten toe te voegen. Voer een naam in voor de tabbladgroep die voor u duidelijk herkenbaar is (bijvoorbeeld: Ochtendkranten). Wanneer u nu de favorieten bekijkt, ziet u dat de tabbladgroep in een map is opgeslagen. Klik met de rechtermuisknop op de naam van de groep en kies **In tabbladgroep openen** om alle pagina's in één handeling te openen.

■ Klik met ingedrukte Shift-toets op een koppeling om een webpagina niet in een nieuw tabblad, maar in een nieuw browservenster te openen.

■ Afbeelding 8.7
Klik op het pijltje om de complete groep in één keer te openen.

Andere startpagina

Wilt u dat Internet Explorer standaard met een andere pagina wordt geopend? Surf dan naar deze pagina, en klik op **Extra**, **Internetopties**. Op de tab Algemeen klikt u op **Huidige gebruiken** om de momenteel geopende pagina uw nieuwe startpagina te maken.

RSS-feeds lezen

Een handige functie is de mogelijkheid om RSS-feeds – kortweg feeds – te lezen. Feeds zijn berichtkoppen die door bijvoorbeeld nieuwsdiensten worden aangeboden en regelmatig worden ververst. Bent u op een feed geabonneerd, dan kunt u deze in een RSS-lezer lezen; Internet Explorer biedt die mogelijkheid eveneens.

Wanneer een webpagina een feed bevat is dat te zien aan de specifieke informatie verschijnt.

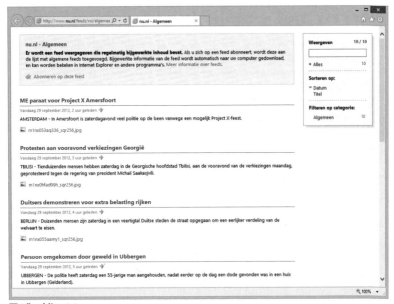

■ **Afbeelding 8.8**
Dit is een pagina met een RSS-feed.

Om verzekerd te zijn van automatische updates kunt u zich op de feed abonneren. Daartoe voegt u de feed toe aan uw Favorieten. Klik op de koppeling **Abonneren op deze feed** die u op de pagina ziet. U kunt vervolgens een (andere) naam aan de feed geven, waarna u op **Abonneren** klikt om de feed daadwerkelijk toe te voegen.

Wilt u een feed bekijken, klik dan op de knop **Favorieten** en schakel de knop **Feeds** in. Zodra u op de naam van een feed klikt, wordt deze bijgewerkt en getoond.

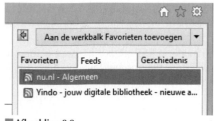

■ Afbeelding 8.9
De lijst met feeds in het Favorietencentrum.

■ Werken met e-mail

E-mail is ongetwijfeld nog steeds een van de meest gebruikte toepassingen van internet. Vandaar dat Windows 8.1 ook van een e-mailapp is voorzien, die gelukkig sterk verbeterd is ten opzichte van de app in Windows 8. In deze paragraaf bekijken we de app nader.

Microsoft-account

Om e-mail te kunnen gebruiken is een Microsoft-account vereist; dat geldt ook voor het gebruik van Agenda, Personen en Berichten. In het vorige hoofdstuk hebt u kunnen lezen hoe dit in zijn werk gaat.

U start de app door in het startscherm op de tegel Mail te klikken. Standaard wordt meteen contact gelegd met het e-mailsysteem achter uw Microsoft-account (Hotmail.com, Live.nl) zodat u meteen aan de slag kunt. Maar het aardige van de app is dat u ook andere accounts kunt toevoegen. Werkt uw bedrijf bijvoorbeeld met Exchange, dan kunt u een Exchange-account toevoegen. Maar ook Googles Gmail wordt ondersteund, evenals standaard IMAP-e-mail.

Account toevoegen

Ervan uitgaande dat u Hotmail niet voor uw primaire e-mail gebruikt, staan we even kort stil bij het toevoegen van een account. Dat gaat als volgt:

1 Zorg dat Mail actief is.

2 Open de charm Instellingen (Win+I) en klik op **Accounts**.

3 Klik op **Voeg een account toe**.

Er verschijnt een overzicht met beschikbare accounts, zoals Outlook (Exchange), Google en Ander account.

4 Selecteer het gewenste accounttype, bijvoorbeeld **Ander account**.

Het venster Uw e-mailaccount toevoegen verschijnt. Selecteer bijvoorbeeld **IMAP** en klik op **Verbinding maken**.

5 Klik op **Meer details weergeven** om alle benodigde instellingen te kunnen maken. Tot de benodigde gegevens behoren:

- Uw e-mailadres.

- De gebruikersnaam die u van uw internetprovider hebt ontvangen.

- Uw wachtwoord.

- De IMAP-servernaam van uw internetprovider.

- De servernaam voor uitgaande e-mail die u van uw internetprovider hebt ontvangen.

Uw 'Ander'-account toevoegen

Voer de onderstaande informatie in om verbinding te maken met uw 'Ander'-account.

E-mailadres
bob@bob.nl

Gebruikersnaam
bob

Wachtwoord
•••••••••

Server voor binnenkomende e-mail (IMAP)   Poort
imap.bob.nl   993

☑ Op de server voor binnenkomende e-mail is SSL vereist

Server voor uitgaande e-mail (SMTP)   Poort
smtp.bob.nl   465

☑ Op de server voor uitgaande e-mail is SSL vereist

☑ Op de server voor uitgaande e-mail is authenticatie vereist

☑ Dezelfde gebruikersnaam en hetzelfde wachtwoord gebruiken om e-mail te verzenden en ontvangen

Verbinding maken   Annuleren

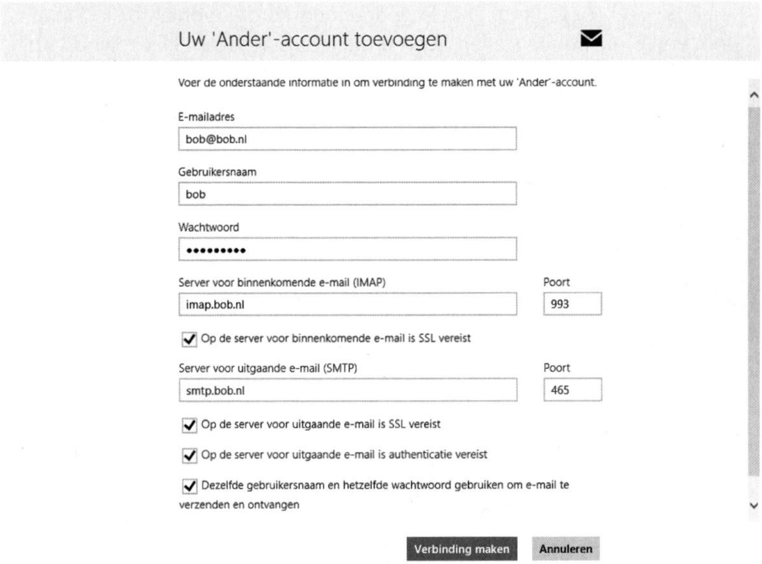

■ **Afbeelding 8.10**
Voer de benodigde gegevens in.

6 Indien de server voor uitgaande e-mail andere toegangsinformatie vereist, schakel dan het vakje **Dezelfde gebruikersnaam en hetzelfde
wachtwoord gebruiken om e-mail te ontvangen en te versturen** uit;
er verschijnen dan invoervakken om de aanvullende vereiste gegevens
in te voeren.

Uw provider kan informatie verschaffen over de noodzaak om SSL te
gebruiken.

Zodra de gegevens zijn ingevoerd klikt u op **Verbinding maken**. Indien
de gegevens correct zijn, dan wordt de e-mail opgehaald en in de app
getoond.

■ Afbeelding 8.11
Er zijn verschillende accounts toegevoegd – u bekijkt ze door op de accountnaam te klikken.

E-mail opstellen

De app gedraagt zich als een standaard Windows 8.1-app, dus ook hier
hebt u weer toegang tot enkele opdrachten via de opdrachtbalk. Maar
om een e-mail op te stellen hoeft u die niet te openen; klik gewoon op
het plusje rechtsboven (**Nieuw**), of druk op Ctrl+N.

■ Afbeelding 8.12
E-mail opstellen.

Voer in het vak **Aan** het e-mailadres van de geadresseerde in; in het vak
CC plaatst u e-mailadressen van personen die u op het bericht wilt kopi-
eren. Door op **Aan** en **CC** te klikken opent u de app Personen (zie later),
zodat u eenvoudig een contactpersoon kunt selecteren zonder dat u het
e-mailadres hoeft te kennen. Klik in die app op de personen in kwestie
en klik op **Toevoegen** om ze aan het vak **Aan** of **CC** toe te voegen.

BCC

Klik op **Meer** om ook het BCC-vak weer te geven; via dit vak kopieert u personen op uw bericht, zonder dat de andere ontvangers daarvan op de hoogte worden gebracht (*blind carbon copy*).

Klik nu in de onderwerpregel ('Voeg een onderwerp toe') om een onderwerp voor uw e-mailbericht in te voeren (bijvoorbeeld: Uitnodiging voor mijn verjaardag). Klik onder de streep om de inhoud van uw bericht te typen. Technieken die u in hoofdstuk 3 hebt geleerd (selecteren, knippen, kopiëren, plakken, tekst opmaken enzovoort) werken in Mail op vergelijkbare wijze – zij het dat diverse opdrachten in de appbalk verschijnen.

■ **Afbeelding 8.13**
Een bericht met geopende appbalk.

Bent u tevreden met uw bericht, lees het dan nog eenmaal door en klik op de knop **Verzenden**, de eerste knop boven het vak **Aan**.

 Personen toevoegen

Windows 8.1 koppelt uw adresboek (Personen) aan E-mail. U kunt snel geadresseerden toevoegen door hun naam in de vakken **Aan**, **CC** en/of **BCC** te typen; u ziet vanzelf een lijstje namen verschijnen van personen wiens naam overeenkomt met wat u typt.

Bijlagen toevoegen

De mailapp van Windows 8.1 laat u ook een of meer bijlagen toevoegen, zoals foto's, documenten en liedjes. Om een bijlage aan een bericht toe te voegen gaat u als volgt te werk:

1 Stel het bericht op zoals beschreven in de vorige paragraaf.

2 Klik bovenin op **Bijlagen** (de paperclip) of druk op Alt+I.

Het selectievenster voor documenten wordt geopend, zoals u dat kent uit hoofdstuk 6.

3 Blader naar de map met het bij te voegen document en selecteer het door erop te klikken. U kunt meerdere bestanden tegelijk selecteren door te blijven klikken. Is uw selectie voltooid, klik dan op **Toevoegen**.

| Aan | Bob van Duuren |
| CC | |

Meer

[Concept] Welkom bij Windows 8.1

1 bestand toegevoegd ∧

Ha Bob!

 Afbeelding 8.14
De bijlage is toegevoegd.

Niet verzenden

Klik op de prullenbak rechtsboven in het venster E-mail opstellen om de e-mail te verwijderen. Selecteer **Ja** in het venster **Concept verwijderen** als u de e-mail niet wilt bewaren. Kiest u **Nee**, dan wordt de e-mail als concept bewaard. In eerdere versies werd de e-mail dan als concept opgeslagen, maar dat gebeurt nu automatisch – u hoeft nu niet eerst de optie **Verwijderen** te kiezen. E-mails die nog niet verzonden of nog niet 'af' zijn herkent u aan de oranje tekst [Concept]. U kunt later aan de e-mail verder werken en deze eventueel alsnog verzenden. Dit concept blijft beschikbaar in het Postvak IN, totdat u het alsnog verwijdert.

E-mail lezen

Nadat u een of meer accounts hebt toegevoegd, kunt u e-mails lezen door op het gewenste bericht te klikken. Linksboven ziet u de naam van de actuele account, en linksonder ziet u de naam van de eventuele andere accounts die u hebt toegevoegd; klik hierop om de berichten van die account te zien.

Onder de naam van de actieve account ziet u een ster – dit is de toegang tot uw favoriete (lees: veelgebruikte) contactpersonen. Klik op **Meer** om meer contactpersonen te zien en deze ook favoriet te maken door op de ster achter de naam te klikken.

Wanneer u op het mapsymbool onder de favorieten klikt, ziet u een mappenstructuur zoals die ook door Windows zelf wordt gebruikt. Klik op een map om de inhoud te zien. Ook hier kunt u mappen die u veel gebruikt favoriet maken, zodat ze direct onder in de lijst verschijnen.

Ongelezen berichten

Ongelezen berichten zijn te herkennen aan de vetgedrukte titel. U kunt gelezen berichten desgewenst als ongelezen markeren door de appbalk te openen en **Markeren als ongelezen** te selecteren.

Hyperlinks in e-mailberichten

Wanneer u zich abonneert op e-mailnieuwsbrieven, zullen deze vaak hyperlinks naar webpagina's bevatten. Klik op zo'n koppeling om de browserapp te openen; de bijbehorende pagina wordt vanzelf getoond naast de mailapp. Handig!

Meer over mappen

Mappen die u binnen mailtoepassingen regelmatig tegenkomt zijn Verzonden items, Postvak UIT, Ongewenste e-mail en Verwijderde items. En niet te vergeten Postvak IN natuurlijk, waarin uw binnengekomen e-mail zich bevindt.

Afbeelding 8.15
De mappen van de e-mailaccount.

Klik op een mapnaam om de inhoud ervan te bekijken. Mail die u ooit hebt verstuurd vindt u bijvoorbeeld terug in de map Verzonden. Mail die u hebt verwijderd (via het prullenbakje rechtsboven dat verschijnt wanneer u een bericht hebt geselecteerd) wordt naar de map Verwijderd verplaatst.

Gelukkig biedt de 8.1-versie van Mail meer functionaliteit dan de voorganger uit Windows 8.0. Zo is het nu mogelijk om zelf mappen te maken. Open daartoe de appbalk en ga als volgt te werk:

1 Klik op **Mappen beheren**.

■ **Afbeelding 8.16**
Mappen beheren.

2 Kies vervolgens een van de volgende opties:

- Klik op **Map leegmaken** om een map te legen. (Voorzichtig!)

- Klik op **Map maken** om een nieuwe, lege map te maken.

- Klik op **Submap maken** om een nieuwe, lege map in de huidige map te maken.

- Klik op **Naam van map wijzigen** om de map een andere naam te geven.

- Klik op **Map verwijderen** om een map te verwijderen. Let op: er wordt niet om een bevestiging gevraagd.

- Klik op **Vastmaken aan startscherm** om een tegel op het startscherm te plaatsen dier direct naar deze map verwijst.

Om een bericht naar een map te verplaatsen selecteert u het bericht en kiest u **Verplaatsen** in de appbalk. De mappenlijst verschijnt, met de favoriete mappen bovenin. Klik op een mapnaam om het bericht daar naartoe te verplaatsen. U kunt het bericht ook bovenop een mapnaam slepen (sleep eerst naar het mapsymbool om de mappenlijst te openen).

Beantwoorden en doorsturen

Om een bericht te beantwoorden klikt u linksboven op de knop met het kromme pijltje (**Beantwoorden**). Het menu dat verschijnt biedt de volgende opties:

■ **Beantwoorden** Deze optie laat u een antwoord sturen naar de afzender van de mail.

■ **Allen beantwoorden** Deze optie laat u een antwoord sturen naar alle geadresseerden (vak **Aan** en **CC**).

■ **Doorsturen** Deze optie laat u de mail doorsturen naar een andere contactpersoon.

U kunt nu een antwoord of aanvulling opstellen zoals hiervoor beschreven. Klik op **Verzenden** linksboven om uw antwoord te verzenden of de mail door te sturen.

Meer opties

Klik in de appbalk op **Markeren** om een bericht met een 'vlaggetje' te markeren. Klik in de appbalk op **Nieuw venster** om een bericht in een nieuw venster te openen. De knop **Meer** geeft toegang tot de opdrachten **Synchroniseren** (haalt de laatste e-mail op) en **Afdrukken**.

■ Contacten bijhouden met Personen

In de vorige paragraaf is de app Personen al even genoemd. Personen is meer dan een adresboek – het groepeert uw contacten, maar laat ook zien wat ze online doen. Faceboek-berichten en tweets hebt u zo handig gegroepeerd bij elkaar. En uiteraard kunt u ook personen toevoegen.

Accounts toevoegen

Ook bij Personen is het handig om de accounts op te nemen die u dagelijks gebruikt. Denk aan Facebook, Twitter, Linkedin, Gmail, Hotmail enzovoort. Alleen op die manier hebt u in één app een overzicht van alles wat er rond uw contacten speelt. Hebt u voor Mail al accounts toegevoegd, dan zijn die ook in Personen beschikbaar. Maar via Personen kunt u ook specifieke socialemedia-accounts toevoegen, zoals Twitter en Facebook. Ga in de app als volgt te werk:

1 Druk op Win+I en klik op **Accounts**, **Voeg een account toe**.

2 Kies de account die u wilt toevoegen; u hebt de keuze uit onder andere Facebook, Twitter, Linkedin en Google.

Microsoft koppelt uw socialemedia-accounts aan uw Microsoft-account, om ook op andere apparaten – zoals uw Windows Phone – toegang tot de gedeelde gegevens te krijgen; in de praktijk is dat bijzonder praktisch (zo worden profielfoto's op bijvoorbeeld Facebook automatisch aan Personen gekoppeld, waardoor uw Windows Phone automatisch in staat is om een afbeelding te tonen van de persoon die u belt – ook al hebt u niet expliciet een profielfoto gekoppeld in het adresboek van uw telefoon). Kies er dus voor om de koppeling te maken en verstrek – indien daarom wordt gevraagd – de aanmeldgegevens van het sociale netwerk (gebruikersnaam, wachtwoord). Zijn de netwerken gekoppeld, dan ziet u wat uw contacten doen via de sectie Updates van vrienden.

■ **Afbeelding 8.17**
Diverse accounts zijn gekoppeld.

Personen zoeken

Een belangrijke functie van Personen is die van adresboek. U kunt direct een (deel van) een naam typen om de zoekfunctie te activeren.

Afbeelding 8.18
Zoekresultaten.

Is de persoon gevonden, klik dan op de naam om een overzicht van contactgegevens en activiteiten weer te geven.

Afbeelding 8.19
Contactgegevens.

Vanuit het scherm met contactinformatie kunt u direct diverse acties
ondernemen, mits de persoon middels e-mail of een sociaal netwerk aan
u is gekoppeld. Denk bijvoorbeeld aan:

- **Een e-mail verzenden**   Selecteer deze optie (en eventueel het e-
  mailadres) om de app E-mail te starten. Het e-mailadres wordt dan al
  in het vak **Aan** ingevuld.

- **Verzend een chatbericht**   Selecteer deze optie (en eventueel de
  berichtendienst) om een chatbericht te versturen.

- **Profiel weergeven**   Selecteer deze optie om een uitgebreid overzicht van contactgegevens op te roepen, dat de app heeft samen-
  gesteld uit de verschillende sociale netwerken en adresboeken.

Let er verder op dat eventuele berichten en foto's die de contactpersoon
op de diverse sociale netwerken heeft geplaatst, ook bij het overzicht verschijnen – voor zover daar toestemming voor is verleend.

Personen toevoegen

Uiteraard kunt u ook nieuwe contacten aan het adresboek toevoegen.
Open in het hoofdvenster de appbalk en klik op **Nieuwe contactpersoon**
om een nieuw contact toe te voegen.

■ Afbeelding 8.20
Een contact toevoegen.

De gegevens die u moet toevoegen spreken voor zichzelf (naam, adres,
e-mail enzovoort), maar vergeet ook niet een account te selecteren waaraan u de gegevens toevoegt. Immers, door accounts in Personen op te
nemen integreert u verschillende adresboeken (bijvoorbeeld Exchange en

Hotmail). Als Exchange uw primaire contactendatabase bevat, is het verstandig om nieuwe contacten aan Exchange toe te voegen; komt u dan op kantoor, dan weet u zeker dat ook op uw andere computers – die wellicht nog niet op Windows 8.1 draaien – de nieuwe gegevens beschikbaar zijn.

Gegevens bewerken

Hebt u de gegevens van een persoon opgezocht, dan kunt u deze ook bewerken. Open daartoe de appbalk en klik op **Bewerken**. Selecteer eventueel de account, waarna u de opgeslagen gegevens kunt bewerken.

Gegevens koppelen

Microsoft doet zijn best om gegevens zo veel mogelijk automatisch aan elkaar te koppelen, en dat gaat soms heel ver. Maar dat neemt niet weg dat accounts die van dezelfde persoon zijn, niet als zodanig worden herkend. Vandaar dat u accounts ook handmatig kunt koppelen. Dat gaat als volgt:

1 Zoek de persoon waarvan u accounts wilt koppelen.

2 Klik op **Contactpersonen koppelen**.

De app toont een overzicht van gekoppelde profielen en suggesties.

3 Klik in de kolom Suggesties op een accountnaam om die naar de kolom Gekoppelde profielen te verplaatsen, waardoor u de profielen koppelt. Klik op een accountnaam in de kolom Gekoppelde profielen om de koppeling te verbreken.

4 Klik eventueel op **Een contactpersoon kiezen** als u een andere account zoekt die niet als suggestie wordt weergegeven.

Afbeelding 8.21
Gegevens koppelen.

5 Klik op **Opslaan** (het diskettepictogram) om de wijzigingen definitief te maken, of op **Annuleren** (het kruisje) om de wijzigingen niet door te voeren.

Nog meer acties

Klik op **Favoriet** om de persoon als favoriet te markeren; hiermee wordt de persoon in een aparte categorie 'Favorieten' op de start-pagina van de app geplaatst. Open de appbalk en klik op **Vastmaken aan Start** om een tegel van de contactpersoon op het startscherm te plaatsen. Klikken op de tegel opent de app Personen, met de informa-tie van die persoon meteen geselecteerd. Kies in de appbalk **Verwijde-ren** om de contactpersoon te verwijderen.

Zien wat uw contacten doen

Via de knop **Updates van vrienden** – te vinden in het startscherm van Personen – krijgt u snel een overzicht van statusupdates van de personen die u volgt of waar u mee bevriend bent. Veel gebruikte acties – zoals retweeten, beantwoorden, leuk vinden, opmerking maken enzovoort – kunt u direct vanuit de app doen, via de overeenkomstige opties onder de berichten.

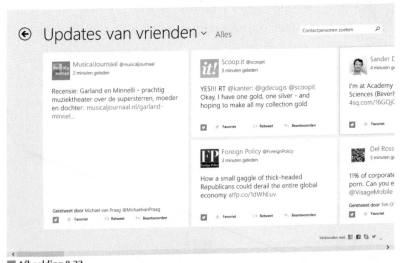

■ **Afbeelding 8.22**
Direct reageren op berichten van uw contacten; Personen maakt het mogelijk. Gekleurde tekst is klikbaar en open de achterliggende informatiebron.

Filteren

Klik op de pijl naast de kop **Updates van vrienden** om eventueel berichten uit één specifiek sociaal netwerk te tonen.

Uw eigen activiteiten

Onder het kopje **Ik** (in de navigatiebalk bovenin, die verschijnt wanneer u de appbalk opent) hebt u snel toegang tot uw eigen informatie:

- ■ De kolom **Updates van vrienden** laat uw eigen activiteiten op de diverse sociale media zien.

- ■ De kolom **Meldingen** geeft een overzicht van vermeldingen op de diverse sociale media.

■ **Afbeelding 8.23**
Zie in één oogopslag wat er speelt.

■ Chatten en (video)bellen met Skype

In Windows 8.1 heeft Microsoft de chatfunctie vervangen door een nagenoeg integrale versie van Skype. Met Skype kunt u chatberichten uitwisselen, bellen en bellen met beeld (*video conferencing*). Zolang u internet gebruikt, zijn daar geen extra kosten aan verbonden.

Om Skype te kunnen gebruiken dient u over een Skype-account te beschikken. Uiteraard kunt u uw Skype-account aan uw Microsoft-account koppelen. Is dat eenmaal gebeurd, dan kunt u met andere Skype-gebruikers:

- chatten via de chatfunctie;

- bellen zonder gebruik te maken van een webcam;

- bellen met gebruik van een webcam, zodat u elkaar kunt zien.

Skype werkt eenvoudig, maar eerst zult u contactpersonen moeten toevoegen. Open daartoe de appbalk en kies **Contactpersoon toevoegen**. Typ een naam, druk op Enter en kijk of de persoon die u zoekt ook daadwerkelijk op Skype beschikbaar is. Maar dat niet alleen: ook uw (al dan niet oude) Messenger-contacten kunt u via Skype benaderen; dit is een gevolg van de overname van Skype door Microsoft, en de beslissing om Messenger niet langer in leven te houden, ten faveure van Skype.

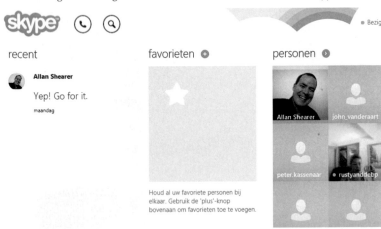

Houd al uw favoriete personen bij elkaar. Gebruik de 'plus'-knop bovenaan om favorieten toe te voegen.

 Afbeelding 8.24
Contactpersonen in Skype.

Skypen vanuit Personen

Uiteraard kunt u ook de hiervoor besproken app Personen gebruiken om rechtstreeks contact op te nemen met iemand. Als het een Messenger-gebruiker is staat dat erbij.

Als u enkele contacten hebt toegevoegd, kunt u contact leggen door op de naam van der persoon te klikken. Of Klik op het kopje **Personen** om het volledige overzicht van uw contacten te zien. Gebruikt u Skype veel om met bepaalde personen contact te hebben, dan kunt u die natuurlijk ook weer als favoriet bestempelen. Selecteer daartoe eerst de persoon door erop te klikken en open aansluitend de appbalk; een klik op de opdracht **Favoriet** doet de rest.

Hebt u eenmaal een contactpersoon geselecteerd, dan kunt u meteen beginnen met chatten door onder in het venster in het kader te klikken, uw boodschap te typen en op Enter te drukken. Wilt u bellen of een videogesprek starten, klik dan op de knop met de telefoonhoorn of de camera. Door op de knop met de plus te klikken kunt u meer gespreks-deelnemers uitnodigen, een bestand verzenden of een videobericht sturen.

Camera vereist

Om videoberichten te sturen of te bellen met beeld dient uw computer of tablet over een camera te beschikken.

Tijdens het communiceren met uw contactpersoon kunt u op de knop met de drie streepjes klikken om een bestand te verzenden. Klikt u op de camera of de microfoon, dan wordt respectievelijk het beeld of het geluid uitgeschakeld, tot u weer op de bijbehorende knop klikt; zo kan uw gesprekspartner u tijdelijk even niet zien of horen.

Wilt u het telefoon- of videogesprek beëindigen, klik dan op de rode telefoonhoorn.

■ **Afbeelding 8.25**
In gesprek via Skype.

Contact beschikbaar?

Aan de groene punt bij de naam van een contactpersoon kunt u zien of een contact online is of niet. Is een contact niet online, dan worden eventuele berichten die u typt later afgeleverd.

Uw agenda bijhouden

De app Agenda is een handig hulpmiddel om uw afspraken bij te houden. Ook deze app maakt weer gebruik van uw bestaande accounts, zoals Hotmail, Gmail of Exchange. U voegt ze op de inmiddels bekende wijze toe.

Agenda weergeven

Uw agenda kan op verschillende manieren worden weergegeven. Open de appbalk en kies een van de volgende weergaven, die bovenin verschijnen:

- Wat volgt
- Dag
- Werkweek
- Week
- Maand

Klik in de appbalk op **Wat volgt** om naar de huidige datum te navigeren.

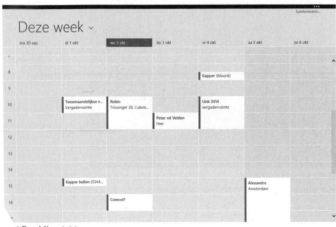

Afbeelding 8.26
...p Agenda.

Bevat uw agenda al afspraken, klik er dan op om de afspraak zichtbaar te maken. U kunt er wijzigingen in aanbrengen, of u kunt de afspraak verwijderen. Klik op het kruisje rechtsboven om naar het agendaoverzicht terug te keren.

Afspraak toevoegen

Om een afspraak toe te voegen klikt u op een tijdvak van de gewenste dag. Een klein invoervakje verschijnt, waarin u een onderwerp en een locatie kunt toevoegen. Is dat niet voldoende, klik dan op het pijltje dat naar beneden wijst en selecteer **Details toevoegen**, om het scherm Details te openen; dit scherm verschijnt overigens direct als u in de appbalk op **Nieuw** klikt om een nieuwe afspraak toe te voegen. Hier kunt u algemene gegevens van de afspraak invoeren, zoals de begintijd, de duur, de locatie en de titel. Eventueel kunt u ook notities toevoegen.

▓ **Afbeelding 8.27**
Een afspraak in de agenda.

Kies ook de agenda waarin de afspraak moet worden opgeslagen. Dit is noodzakelijk als u over meerdere agenda's beschikt, bijvoorbeeld omdat u meerdere accounts hebt toegevoegd. Maar ook als uw Exchange-server meerdere agenda's bevat, zijn die hier zichtbaar.

Via de optie **Meer weergeven** onder de agendalijst hebt u nog aanvullende mogelijkheden tot uw beschikking. Zo kunt u bijvoorbeeld een afspraak laten herhalen (verjaardagen!), u kunt een herinnering toevoegen en u kunt personen uitnodigen. De beschikbare opties zijn afhankelijk van de accounts die u hebt toegevoegd.

Klik tot slot op **Deze gebeurtenis opslaan** (het diskettepictogram rechtsboven) om de afspraak op te slaan.

Agenda's hebben kleuren

De verschillende agenda's krijgen allemaal hun eigen kleur toegewezen. Zo ziet u·snel in welke agenda een bepaalde gebeurtenis voorkomt.

Documenten in de cloud met SkyDrive

Tot slot van dit hoofdstuk wijzen wij u nog op de app SkyDrive, waarmee u bestanden in de cloud beheert. Bestanden die u in de cloud opslaat, kunt u overal benaderen en delen met bekenden (en onbekenden, overigens). In Windows 8.1 is SkyDrive naadloos geïntegreerd, zodat het nauwelijks uitmaakt of uw bestanden lokaal of op uw SkyDrive opslaat. Voordeel van SkyDrive-opslag is dat u vanaf elk apparaat bij uw bestanden kunt. Nadeel is dat u wel over een internetverbinding moet beschikken om erbij te kunnen (tenzij u ze offline beschikbaar maakt).

Afbeelding 8.28
Opslag in de cloud.

Om documenten vanuit de app op uw SkyDrive op te slaan, klikt u eerst op de map waarin u de bestanden wilt opslaan en vervolgens opent u de appbalk en kiest u **Bestanden toevoegen**. Zoals u ziet in de appbalk, kunt u desgewenst eerst ook nieuwe mappen aanmaken. Om een bestand te uploaden bladert u via de mappenstructuur op uw lokale pc naar het gewenste bestand. Klik op een of meer bestanden om ze te selecteren. Bent u klaar, klik dan op **Naar SkyDrive kopiëren** om het ıploadproces te starten (dit kan even duren).

Afbeelding 8.29
Bestanden toegevoegd aan SkyDrive.

Wilt u de bestanden die op een SkyDrive-locatie staan gebruiken, blader in de SkyDrive-app dan naar de gewenste map en klik op het bestand om het te openen. Of selecteer het bestand en kies in de appbalk de opdracht **Openen met**, zodat u een aangepast programma kunt selecteren om het bestand te bekijken of te bewerken.

Afbeelding 8.30
Een bestand openen met een ander programma.

Let er overigens op dat de appbalk ook opdrachten biedt voor verwijderen en offline beschikbaar maken. Als u een bestand offline beschikbaar stelt, wordt een lokale kopie gemaakt, zodat u het bestand ook kunt bewerken of gebruiken als u geen internetverbinding tot uw beschikking hebt. Is een bestand eenmaal offline beschikbaar, dan kunt u het ook weer enkel online beschikbaar maken door **Alleen online beschikbaar maken** in de appbalk te kiezen.

Documenten delen

Uw SkyDrive bevat ook een map Openbaar. Bestanden die u hierin plaatst zijn ook toegankelijk voor personen die uw SkyDrive-wachtwoord niet kennen. Dat is handig als u (grote) bestanden wilt delen die u niet per e-mail kunt versturen. Om een bestand in de map Openbaar te delen, volstaat het om het in die map te plaatsen. Wilt u iemand op de hoogte brengen van de locatie van deze map, selecteer hem dan en kies in de charmbalk de opdracht **Delen** (of druk op Win+H). Selecteer een contact, waarna automatisch een e-mail wordt voorbereid met een web-koppeling naar de map.

Bug of feature?

Bij het ter perse gaan van dit boek bleek de functie Delen voor map-pen niet beschikbaar te zijn, terwijl dit in Windows 8 wel correct func-tioneerde. Ongetwijfeld is de SkyDrive-app – tegen de tijd dat u dit leest – bijgewerkt. Zo niet, surf dan naar **www.skydrive.com**, meld u aan en deel de map daar; dat werkt wel goed.

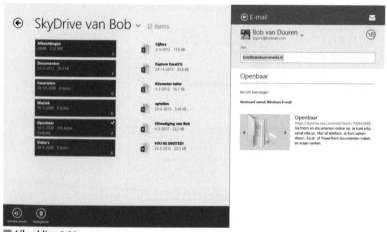

■ **Afbeelding 8.31**
Het adres naar de openbare map delen.

Instellingen

U kunt veel instellingen voor SkyDrive maken op de bijbehorende web-site (**www.skydrive.com**), maar ook in Windows zelf zijn de nodige stellingen te maken. Open daartoe de charmbalk en klik op **Pc-instel-en wijzigen**, **SkyDrive**. U ziet vier opties:

▐▐▐ **Bestandsopslag**   Hier vindt u een overzicht van de beschikbare ruimte. U krijgt 7 GB cadeau van Microsoft, maar u kunt extra ruimte bijkopen. Bij het ter perse gaan van dit boek kostte 100 GB bijvoorbeeld 37 euro per jaar.

▐▐▐ **Camera-album**   Hier bepaalt u of u foto's en video's die u met uw (tablet)computer maakt automatisch op SkyDrive worden geplaatst.

▐▐▐ **Instellingen synchroniseren**   Hier bepaalt u welke instellingen via SkyDrive tussen uw apparaten worden gesynchroniseerd. U kunt per onderdeel de instelling aan- of uitzetten. De categorieën instellingen die te synchroniseren zijn, zijn Persoonlijke instellingen, App-instellingen en Overige instellingen (onder andere webbrowser, wachtwoorden, taalvoorkeuren enzovoort). Tevens kan van de instellingen zelf een back-up worden gemaakt.

▐▐▐ **Verbindingen naar verbruik**   Bepaal hier of u gebruik wilt maken van SkyDrive als u via een betaalde verbinding contact met internet hebt, of wanneer u zich in het buitenland bevindt (roaming).

Opslaan vanuit een toepassing

In Windows 8.1 is het mogelijk om direct vanuit een toepassing als WordPad of Paint documenten op uw SkyDrive op te slaan, maar ook vanuit een app. Kies daartoe op **SkyDrive** in de bestandsstructuur en selecteer een map. Afhankelijk van uw Instellingen (**Pc-instellingen**, **SkyDrive**, **Bestandsopslag**) worden uw documenten zelfs automatisch op uw SkyDrive opgeslagen. U kunt een map in de navigatiestructuur selecteren, op dezelfde wijze als u pakken op uw lokale schijfstation selecteert.

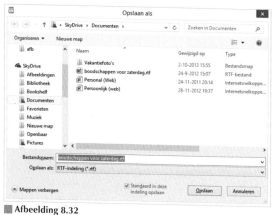

▐▐▐ **Afbeelding 8.32**

Een document op de SkyDrive opslaan.

Hoofdstuk 9

Beveiliging en updates

Als u de voorgaande hoofdstukken hebt gelezen weet u dat Windows 8.1 beveiliging serieus neemt. In dit hoofdstuk kijken we naar enkele voorzieningen, zoals de firewall en het programma tegen spyware, Windows Defender. Is uw computer permanent met internet verbonden, dan is het een goede zaak om Windows 8.1 up-to-date te laten houden. Dat komt eveneens aan de orde in dit hoofdstuk, in de paragraaf Automatische updates. En uiteraard leert u meer over de nieuwe back-upvoorziening, Bestandsgeschiedenis geheten.

▓ Het Onderhoudscentrum

De belangrijkste instellingen met betrekking tot beveiliging heeft Microsoft samengebundeld in het Onderhoudscentrum. U opent het Onderhoudscentrum vanuit het Configuratiescherm, of met de knop in het systeemvak.

▓ **Afbeelding 9.1**
Snelle toegang tot het Onderhoudscentrum.

Het Onderhoudscentrum laat u snel en eenvoudig de volgende instellingen maken:

▣ **Beveiliging**   In de sectie Beveiliging worden berichten weergegeven over de volgende onderdelen:

  ▣ **Netwerkfirewall**   De firewall beschermt uw computer tegen ongewenst internet- en netwerkverkeer. Windows Firewall kan zowel inkomend als uitgaand verkeer blokkeren.

  ▣ **Windows update**   Automatische updates garanderen dat uw computer over de laatste versie van de software beschikt en dat eventuele (beveiligings)problemen automatisch worden verholpen. Voor deze voorziening is een (permanente) internetverbinding vereist.

  ▣ **Virusbeveiliging**   Uw computer kan tegen virussen worden beschermd. Windows Defender is het standaard meegeleverde antivirusprogramma.

  ▣ **Beveiliging tegen spyware en ongewenste software**   Uw computer kan tegen spyware worden beschermd. Windows Defender is het standaard meegeleverde antispywareprogramma.

  ▣ **Andere beveiligingsinstellingen**   Tot de andere beveiligingsinstellingen horen instellingen voor Internet Explorer en voor Gebruikersaccountbeheer (zie hoofdstuk 7).

Gele balken in het Onderhoudscentrum geven waarschuwingen van niet-gecontroleerde beveiligingsopties aan en rode balken betekenen dat een beveiligingsoptie niet (goed) is ingeschakeld. In het optimale geval worden alle opties zonder rode of gele balk weergegeven.

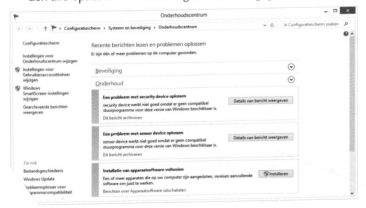

Ifbeelding 9.2
Het Onderhoudscentrum geeft waarschuwingen. Klik op de naar beneden wijzende pijltjes om een sectie te openen of te sluiten.

▥ **Onderhoud** In de sectie Onderhoud worden berichten weergegeven over de volgende onderdelen:

▥ **Oplossingen zoeken** Deze optie zorgt ervoor dat gemelde problemen – voor zover mogelijk – automatisch door Windows worden opgelost.

▥ **Automatisch onderhoud** Deze optie zorgt ervoor dat het systeem actief wordt gecontroleerd op onderhoudsproblemen.

▥ **Status van station** U leest hier of er (verwachte) problemen met een of meer schijfstations zijn.

U kunt de berichten met betrekking tot bovengenoemde opties naar wens in- of uitschakelen. U doet dat door links in de lijst met taken op **Instellingen voor Onderhoudscentrum wijzigen** te klikken.

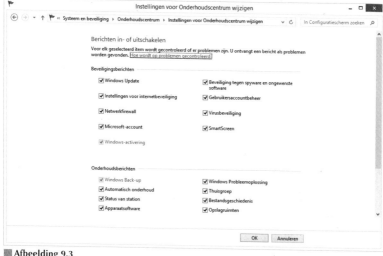

▥ **Afbeelding 9.3**
Instellingen voor berichten wijzigen.

Enkele belangrijke onderdelen van het Onderhoudscentrum worden nu nader toegelicht.

▥ Firewall

Een firewall ('brandmuur') is een programma of een kastje (of een computer) dat netwerkverkeer (daaronder valt ook internetverkeer) controleert en indien nodig tegenhoudt. Firewalls kunnen op die manier ongewenst inkomend verkeer tegenhouden, maar ook ongewenst uitgaand verkeer. De firewall in Windows 8.1 is uiteraard softwarematig en kan een redelijke bescherming tegen Trojaanse paarden (vervelende stukjes software die als een spelletje of een leuke afbeelding zijn 'verkleed') en virussen (programma's die rotzooi op u computer trappen) bieden. Bent u overigens via een router met internet verbonden, dan is die vaak ook van firewall voorzien; die twee hoeven elkaar echter niet te bijten.

Doorgaans is het verstandig om Windows Firewall ingeschakeld te laten. Wilt u een ander firewallprogramma gebruiken (zoals ZoneAlarm), dan is het wél verstandig om Windows Firewall uit te schakelen; twee software-matige firewalls verdragen elkaar namelijk over het algemeen niet zo goed.

Om de instellingen van de firewall te wijzigen gaat u als volgt te werk:

1 Klik links in het Onderhoudscentrum op de taak **Configuratiescherm** en klik vervolgens op **Systeem en beveiliging**, **Windows Firewall**.

Het venster Windows Firewall verschijnt.

2 Klik links in de lijst taken op **Windows Firewall in- of uitschakelen** om de firewall in of uit te schakelen.

Indien u de firewall inschakelt kunt u eventueel de extra veilige optie **Alle binnenkomende verbindingen blokkeren** inschakelen. Gebruik deze optie bijvoorbeeld wanneer u uw computer (draadloos) aan een openbaar netwerk koppelt. Doorgaans hoeft deze optie niet ingescha-keld te zijn.

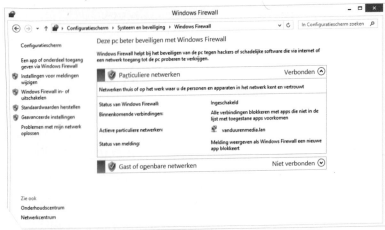

Afbeelding 9.4
Windows Firewall is ingeschakeld.

Uitzonderingen

Over het algemeen is er ook netwerkverkeer dat u niet wilt tegenhouden; zeker wanneer uw computer in een thuisnetwerk is opgenomen. Vandaar dat u Windows Firewall bepaald netwerkverkeer kunt laten toestaan. Werkt een programma niet (bijvoorbeeld een chatprogramma of een internetspel), klik dan op de taak **Een app of onderdeel toegang geven via Windows Firewall** en schakel de vakjes in bij het verkeer dat u wel wilt toestaan.

Bestands- en printerdeling bijvoorbeeld is over het algemeen nodig in een thuisnetwerk en Microsoft Office Outlook is nodig wanneer u via uw thuiscomputer met de Exchange-server van uw werk verbindt.

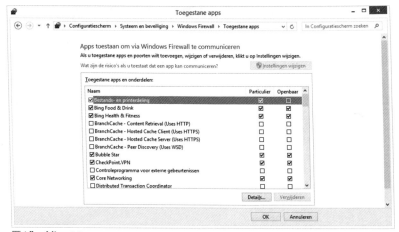

Afbeelding 9.5
Uitzonderingen toestaan.

 ### Het kan nog specifieker

Hebt u verstand van protocollen en poorten dan kunt u ook handmatig instellen wat wel en niet mag worden doorgelaten. Klik op de taak **Geavanceerde instellingen** om een uitgebreid programma te starten waarmee u Windows Firewall geheel naar uw eigen hand kunt zetten. Blijf hier af als u niet heel precies weet waar u mee bezig bent!

Automatische updates

Alhoewel Windows 8.1 weer beter beveiligd is dan zijn voorgangers, zullen ongetwijfeld nog veiligheidslekken worden ontdekt. En uiteraard zullen er na het verschijnen van Windows 8.1 ook andere onvolkomenheden worden ontdekt en komt Microsoft met bijgewerkte en verbeterde stuurprogramma's. Om ervoor te zorgen dat uw computer automatisch is bijgewerkt met de laatste stuurprogramma's, patches (reparatiebestanden) en malwaredefinities (lijsten van 'foute' programma's), kunt u de voorziening Automatische updates inschakelen. Hiervoor dient uw computer met internet verbonden te zijn. Wanneer nieuwe versies van bestanden en programma's beschikbaar zijn, zullen deze automatisch naar uw computer worden gedownload.

Om de automatische updates te configureren gaat u als volgt te werk:

1 Klik linksonder in het Onderhoudscentrum op de taak **Windows Update**.

Het venster Windows Update verschijnt.

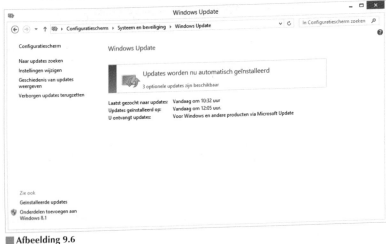

■ **Afbeelding 9.6**
Windows Update.

2 Windows 8.1 geeft aan of er updates beschikbaar zijn. Over het algemeen vallen de updates in verschillende categorieën: belangrijke of essentiële updates dient u in feite altijd te installeren. Optionele updates zijn minder belangrijk, maar het loont de moeite om te kijken wat er wordt aangeboden door op de tekst **Optionele updates zijn beschikbaar** te klikken.

Lijst vernieuwen

Is uw computer een tijdje uit of offline geweest, klik dan links in de takenlijst op **Naar updates zoeken**; de lijst met updates wordt dan vernieuwd.

Instellingen

U kunt zelf bepalen hoe Windows Update met uw computer omgaat. Klik daartoe in de takenlijst van het venster Windows Update op de optie **Instellingen wijzigen**.

Het wordt ten zeerste aanbevolen om de optie **Updates automatisch installeren** in te schakelen. U kunt dan aangeven hoe vaak en op welke tijd updates worden gedownload en geïnstalleerd (mits er updates beschikbaar zijn natuurlijk).

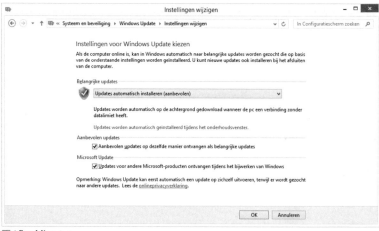

■ **Afbeelding 9.7**
Instellingen voor automatische updates.

Opnieuw starten

Sommige updates vereisen dat de computer opnieuw wordt gestart. Wanneer u zich na installatie aanmeldt, zal Windows 8.1 dat melden en u vragen de computer te herstarten. Doe dit altijd.

Wilt u overigens weten welke updates op uw systeem zijn geïnstalleerd, klik dan op de taak **Geschiedenis van updates weergeven**.

Beveiliging tegen ongewenste software

Tot de belangrijkste ongewenste software behoren virussen en spyware. Om uw computer hiertegen te beschermen kunt u Windows Defender gebruiken, dat een standaardonderdeel van Windows 8.1 is. Windows Defender is overigens standaard ingeschakeld.

Windows Defender

Windows Defender is een programma dat actief uw computer in de gaten houdt, maar ook kan worden gebruikt om op een gewenst moment naar spyware op uw computer te zoeken. U start Windows Defender door in het Onderhoudscentrum of in het startscherm de letters def in het zoekvak te typen. Klik vervolgens op de koppeling Windows Defender die verschijnt.

■ **Afbeelding 9.8**
Windows Defender is aan het werk.

Wilt u uw computer volledig scannen, selecteer dan de optie **Volledig** en klik op **Nu scannen**. Dit duurt wel even, maar u weet meteen waar u aan toe bent. U kunt het scannen overigens altijd onderbreken door op **Scan-** **'n annuleren** te klikken.

Instellingen van Windows Defender

Ook Windows Defender wordt automatisch uitgevoerd. Wilt u deze – en andere – instellingen wijzigen, klik in het hoofdvenster van Windows Defender dan op een van de tabs.

De belangrijkste onderdelen en instellingen zijn:

▓ **Bijwerken**   Hier kunt u de laatst bekende antivirusdefinities handmatig ophalen.

▓ **Geschiedenis**   Als Windows Defender schadelijke programma's vindt worden ze in quarantaine geplaatst zodat ze niet meer functioneren. U kunt de programma's hier voorgoed verwijderen, of desgewenst herstellen.

▓ **Instellingen**   Hier kunt u verschillende onderdelen van Windows Defender in- en uitschakelen, zoals real-timebeveiliging. Ook kunt u bepaalde zaken (mappen, bestanden, processen) van controle uitsluiten, zodat een scan sneller wordt uitgevoerd.

▓ Back-ups maken

Back-ups (of reservekopieën) zijn van belang naarmate u uw computer voor meer belangrijke zaken gebruikt. Door regelmatig een back-up te maken verzekert u zich ervan dat wanneer de vaste schijf van uw computer de geest geeft, uw brieven, administratie, foto's van de familie of muziekverzameling niet in rook opgaan. Zoals een gezegde uit de laattwintigste eeuw stelt: wie geen back-ups maakt, wil zijn werk weggooien!

 Gebruik een externe vaste schijf

Externe USB-schijven kosten bijna niets meer. Voor nog geen 100 euro beschikt u over een externe schijf van meer dan een terabyte. U sluit zo'n schijf eenvoudig aan op de USB-poort van uw computer.

Bestandsgeschiedenis

Het oude Windows Back-up is in Windows 8.1 vervangen door de nieuwe functie Bestandsgeschiedenis. Het is bij het ter perse gaan van dit boek nog niet duidelijk of het mogelijk is om oudere back-ups (van vóór Windows 8) terug te zetten, zoals in Windows 8 het geval was. In alle gevallen geldt: wilt u in Windows 8.1 back-ups maken, dan gebruikt u Bestandsgeschiedenis.

Back-up maken

Om een back-up te maken gaat u als volgt te werk:

1 Klik in het Onderhoudscentrum op de knop **Bestandsgeschiedenis** (links onderin).

Bestandsgeschiedenis wordt gestart. Is er geen extern station aangesloten, dan wordt u geadviseerd om dat alsnog te doen. Desgewenst kunt u ook een netwerklocatie gebruiken, mits beschikbaar.

■ **Afbeelding 9.9**
Bestandsgeschiedenis.

2 U ziet in het venster wat er gekopieerd gaat worden. Klik op **Inschakelen** om Bestandsgeschiedenis in te schakelen.

Dat is alles – er wordt nu direct een back-up gemaakt. Wilt u dat bepaalde zaken niet in de back-up worden opgenomen, dan kunt u het proces altijd stoppen en links bij de taken op **Mappen uitsluiten** klikken.

Nadat u mappen hebt uitgesloten zal het back-upproces direct worden hervat.

9.10
Muziek is uitgesloten.

Instellingen voor back-ups

Windows 8.1 laat u diverse instellingen maken, zoals de frequentie waarmee back-ups worden gemaakt. Ook kunt u later de back-uplocatie nog aanpassen.

Om de frequentie waarmee back-ups worden gemaakt te wijzigen gaat u als volgt te werk:

1 Klik in het venster Bestandsgeschiedenis op de taak **Geavanceerde instellingen**.

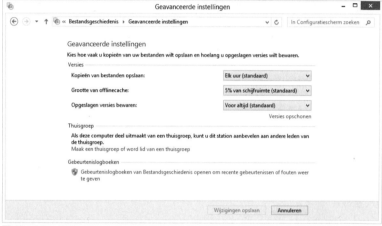

▨ **Afbeelding 9.11**
Geavanceerde instellingen voor back-ups.

2 Selecteer in de lijst **Kopieën van bestanden opslaan** het tijdsinterval dat Windows voor het maken van back-ups aanhoudt (u ziet: Microsoft heeft het maken van back-ups ditmaal zeer serieus aangepakt; de laagste frequentie is dagelijks, de hoogste frequentie is elke 10 minuten!).

3 Selecteer in de lijst **Grootte van offlinecache** de ruimte op uw vaste schijf die wordt gereserveerd om back-ups tijdelijk te bewaren.

4 Selecteer in de lijst **Opgeslagen versies bewaren** hoe lang versies van bestanden worden bewaard (voor zover mogelijk).

Meerdere versies

Bestandsgeschiedenis bewaart originele versies van uw bestanden zo lang mogelijk. Met andere woorden: als u tussen het maken van twee back-ups een bepaald bestand hebt gewijzigd, dan vindt u – na een nieuwe back-upronde – in de geschiedenis meerdere versies van het bestand terug. Deze zijn voorzien van een versiedatum, dus bij het terugzetten van back-ups kunt u dan bepalen welke versie u wilt terugzetten.

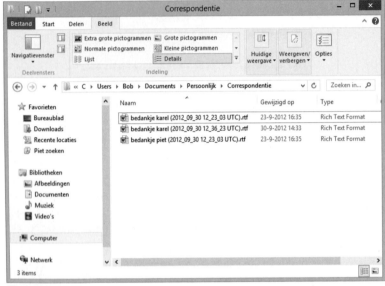

■ **Afbeelding 9.12**

Als u de back-uplocatie inspecteert, vindt u meerdere versies van in de loop der tijd gewijzigde bestanden terug.

Back-up terugzetten

Uiteraard maakt u back-ups in de hoop ze nooit nodig te hebben. Maar een ongeluk zit in een klein hoekje, dus vandaar dat we in dit hoofdstuk ook aandacht besteden aan het terugzetten van een back-up. Vanuit het venster Bestandsgeschiedenis gaat dat als volgt:

1 Klik op de taak **Persoonlijke bestanden terugzetten**.

Het venster Startpagina – Bestandsgeschiedenis verschijnt.

Afbeelding 9.13
Overzicht van uw back-ups.

2 Klik op de knopen **Vorige versie** of **Volgende versie** om door de diverse back-upversies te bladeren. Klik op de grote groene knop **Terugzetten naar oorspronkelijke locatie** om een complete back-up terug te zetten.

Indien de doellocatie nog bestanden bevat, dan geeft Windows een melding waarin u kunt aangeven wat u wilt doen. De keuzen zijn:

■ De bestanden in de doelmap vervangen.

■ Deze bestanden overslaan.

■ Ik wil zelf beslissen voor elk bestand / Info voor beide bestanden vergelijken.

Kiest u de derde optie, dan krijgt u een overzicht van bestanden waarvan de gewijzigde kenmerken vet worden weergegeven, zodat u kunt bepalen wat u wilt doen. U kunt overigens meerdere versies van hetzelfde bestand behouden – Windows voegt dan volgnummers aan bestandsnamen toe.

Individuele bestanden terugzetten

U hoeft overigens geen complete back-up terug te zetten; het is ook mogelijk om individuele bestanden terug te zetten. Dat is handig wanneer een enkel bestand is beschadigd, overschreven of per ongeluk gewist. Dubbelklik daarvoor – in de startpagina van Bestandsgeschiedenis – op de map of bibliotheek waarin het bestand zich bevindt en ga op zoek. Hebt u het bestand gevonden, selecteer het dan en klik op de knop **Terugzetten naar oorspronkelijke locatie**. Deze techniek is ook handig om een oudere versie van een bestand in te zien. Is het bestand op de doellocatie namelijk nog gewoon beschikbaar, schakel dan beide selectievakjes in het venster Bestandsconflict in als u zowel de oude als nieuwe versie wilt bewaren, bijvoorbeeld voor een vergelijking in Word.

■ **Afbeelding 9.14**
Schakel de selectievakjes in om een oude versie van een bestand naast de bestaande versie terug te zetten.

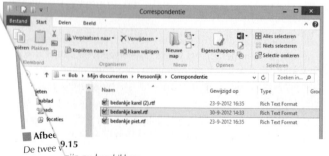

■ **Afbee   9.15**
De twee v   zijn nu beschikbaar.

Hoofdstuk 10

Multimedia-toepassingen

Windows 8.1 wordt geleverd met verschillende toepassingen voor multimedia. Met Windows Media Player kunt u onder andere cd's, muziekbestanden, videobestanden en – wanneer u over een aparte plug-in beschikt – dvd's afspelen. En uiteraard zijn er diverse apps, zoals Muziek, Video en Foto's.

■ Windows Media Player

Windows Media Player is het centrale programma waarmee u media-bestanden kunt afspelen. Windows 8.1 wordt geleverd met versie 12 van deze software; het is onder andere geschikt voor de volgende taken:

- ■ audio-cd's beluisteren en naar de computer kopiëren
- ■ dvd's bekijken en naar de computer kopiëren
- ■ verzamel-cd's branden

In deze paragraaf concentreren we ons op de volgende belangrijke taken:

- ■ cd's beluisteren
- ■ audio-cd's 'rippen' (naar de computer kopiëren)
- ■ afspeellijsten maken en verzamel-cd's branden

De eerste keer

De eerste keer dat u Windows Media Player start, zal het programma geconfigureerd moeten worden. Windows Media Player start doorgaans wanneer u op een muziekbestand dubbelklikt of wanneer u daarvoor kiest in het venster Automatisch afspelen, nadat u bijvoorbeeld een audio-cd in het cd-romstation hebt geplaatst.

Afbeelding 10.1

Kies hier wat er moet gebeuren als u – bijvoorbeeld – een audio-cd plaatst.

Uiteraard kunt u Windows Media Player (WMP) ook starten via het start-scherm: typ de letters med en klik op **Windows Media Player**.

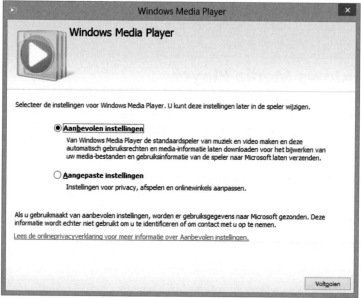

Afbeelding 10.2

De eerste keer moet u enkele configuratieopties instellen. De aanbevolen instellingen kunt u pro-bleemloos accepteren.

De eerste keer moet u enkele configuratieopties instellen. Maak het uzelf makkelijk en klik op **Aanbevolen instellingen**; u kunt de instellingen later altijd wijzigen. WMP gaat verder en begint met het afspelen van de geplaatste cd.

■ **Afbeelding 10.3**

WMP speelt uw cd; dit is de compacte weergave. Klik op het pictogram Schakelen naar bibliotheek om de bibliotheekweergave te activeren.

 ## Zorg voor een internetverbinding

WMP biedt enorm veel meerwaarde als uw computer met internet is verbonden; op basis van de geplaatste cd kan WMP via internet uitvinden om welke cd het gaat en welke nummers erop staan. Hiertoe dient de cd wel in de internetdatabase voor te komen, maar dat is van zeer veel cd's het geval.

Cd's afspelen en kopiëren

In de paragraaf hiervoor hebt u gelezen hoe eenvoudig het is om met WMP een audio-cd af te spelen. De compacte modus biedt slechts basisfunctionaliteit, dus schakel desgewenst over naar de bibliotheekmodus voor meer mogelijkheden door op het pictogram **Schakelen naar bibliotheek** te klikken; u ziet deze uitgebreide modus in afbeelding 10.4.

■ **Afbeelding 10.4**

WMP in de bibliotheekmodus.

Terug naar de compacte modus?

Klik dan geheel rechtsonder in het venster op het pictogram **Naar Nu afspelen schakelen**.

Onder in het venster verschijnen de besturingsknoppen waarmee u het afspelen beïnvloedt:

Van links naar rechts ziet u de volgende knoppen:

- Willekeurige volgorde inschakelen

- Herhalen inschakelen

- Stoppen

- Vorige

- Onderbreken/Afspelen

- Volgende

- Dempen

- Volume

De bediening komt overeen met die van de gemiddelde cd-speler.

■**Afbeelding 10.5**
De besturing van WMP.

 ## Album en inhoud

U ziet een afbeelding van de albumhoes, de naam van de artiest en de inhoud van de cd. Deze heeft WMP van internet opgehaald. Dubbelklik op een titel om dat nummer direct af te spelen.

Wilt u de inhoud van de cd (of een deel daarvan) naar de computer kopiëren, dan gaat u als volgt te werk:

1 Schakel de selectievakjes van de nummers uit die u niet wilt kopiëren.

2 Klik boven in de opdrachtbalk op de knop **Cd rippen**.

De cd-rom wordt geript, wat inhoudt dat de muziekbestanden in de map Mijn muziek worden geplaatst. U kunt het rippen annuleren door op **Rippen stoppen** te klikken.

Afbeelding 10.6
De cd wordt geript.

 Automatisch afspelen verschijnt niet

Verschijnt het venster Automatisch afspelen niet nadat u een cd hebt geplaatst, open dan de map Verkenner, vouw de structuur uit bij Computer en klik met de rechtermuisknop op het cd- of dvd-station. Er verschijnt nu een menu met diverse opties, waaronder **Afspelen**.

Instellingen voor kopiëren

Standaard wordt de cd naar de standaardmap in de bibliotheek Muziek gekopieerd (Mijn muziek), naar de map met de naam van de artiest (in het voorbeeld Dire Straits). De individuele nummers worden in een sub-map geplaatst die de naam van het album krijgt. In het voorbeeld komt Calling Elvis dus te staan in de Bibliotheken ▸ Muziek ▸ Dire Straits ▸ On Every Street. Wilt u deze locatie wijzigen ga dan als volgt te werk:

1 Klik op de knop **Ripinstellingen** in de opdrachtbalk.

Afbeelding 10.7
Opslaglocatie wijzigen. Als u de opslaglocatie wijzigt in de map Openbare muziek, kunnen alle gebruikers van de computer de muziek beluisteren.

2 Klik op **Meer opties**.

3 Klik op het tabblad Muziek rippen op de knop **Wijzigen** om de opslag-locatie voor muziek te wijzigen. Klik desgewenst op de knop **Bestandsnaam** om de opbouw van de naam van het muziekbestand aan te passen.

Een andere aanname die WMP maakt is dat u bestanden wilt opslaan in wma-indeling. Dat is voor veel toepassingen een uitstekende keuze, maar bepaalde programma's, mp3-spelers en pda's kunnen hier niet altijd mee overweg en hebben meer aan de mp3-indeling. U kunt dus opgeven waar uw voorkeur naar uitgaat. Ga als volgt te werk:

1 Klik op de knop **Ripinstellingen** in de opdrachtbalk.

2 Selecteer **Bestandsindeling** gevolgd door een andere indeling, bijvoor-beeld **MP3**. Een ander goed alternatief is **Windows Media Audio (variabele bitrate)**, maar dat wordt niet door alle externe spelers (draagbare apparaten) ondersteund.

3 Selecteer **Audiokwaliteit** gevolgd door een andere *bemonsteringsfre-quentie*. De kwaliteit is een compromis tussen bestandsgrootte en kwa-liteit: hoe kleiner het bestand, des te slechter de kwaliteit. Ript u uw cd's alleen om ze op de computer af te kunnen spelen, dan kunt u de beste kwaliteit kiezen. Wilt u zo veel mogelijk nummers op uw mp3-speler of iPod kwijt, dan kunt u **96 kbps** of **64 kbps** selecteren.

Dvd's afspelen

Met Windows Media Player kunt u ook naar uw favoriete dvd's kijken. Daar is echter wel een aparte plug-in voor nodig, die tijdens het schrijven van dit boek nog niet beschikbaar was. De procedure zou echter eenvou-dig moeten zijn:

1 Plaats de dvd in het dvd-station.

2 Klik in het venster Automatisch afspelen op **Dvd-film afspelen met Windows Media Player**.

Mocht het venster Automatisch afspelen niet verschijnen, dan start u WMP en klikt u op **Nu afspelen** totdat het menu verschijnt; klik ver-volgens op de titel van de dvd om deze af te spelen.

De bediening komt overeen met die van een audio-cd. Links naast de bedieningsknoppen bevindt zich echter een extra knop **DVD**, die u kunt gebruiken om speciale dvd-functies te activeren. Tot de opties behoren:

■ **Hoofdmenu**   Keert terug naar het hoofdmenu van de dvd.

- **Speciale functies**   Hier kiest u het geluidsspoor, de ondertiteling en de camerahoek (optioneel en dvd-afhankelijk).

- **Videoformaat instellen**   Hiermee bepaalt u hoe groot het getoonde videobeeld is.

- **Volledig scherm**   Hiermee geeft u de dvd weer zonder dat er andere onderdelen van Windows 8.1 zichtbaar zijn (zelfs de aanwijzer verdwijnt). Druk op Esc om terug te keren. De toetsencombinatie Alt+Enter wisselt eveneens tussen venster en volledig scherm.

Rechtermuisknop

In de modus Volledig scherm kunt u met de rechtermuisknop klikken om een snelmenu te activeren van waaruit u de dvd kunt bedienen. Klik bijvoorbeeld op **Teksten, bijschriften en ondertitels** om de ondertiteling te kiezen.

Werken met de mediabibliotheek

Via de mediabibliotheek hebt u toegang tot uw mediabestanden. Daarbij kunt u bestanden op verschillende manieren indelen en terugvinden; zo kunt u mediabestanden bijvoorbeeld classificeren en er een genre aan toekennen. U maakt de mediabibliotheek zichtbaar door boven in het venster op **Mediabibliotheek** te klikken.

Links ziet u weer een selectiestructuur die vergelijkbaar is met die van Windows Verkenner. Klik bijvoorbeeld op **Album** (onder **Muziek**) om een overzicht van albums te krijgen. U kunt een album vervolgens snel een waardering toekennen door met de rechtermuisknop op een album te klikken en **Alles waarderen** gevolgd door een aantal sterren te kiezen.

■ **Afbeelding 10.8**
Mediabibliotheek.

Nummers waarderen

Uiteraard kunt u ook individuele nummers waarderen: dubbelklik op een album om de details te tonen en klik in de kolom Waardering op het gewenste aantal sterren.

De weergave van de mediabibliotheek kunt u naar wens instellen: klik op de knop **Opties weergeven** links naast het zoekvak en selecteer een van de volgende opties:

■ **Pictogram**   U krijgt alleen de albumhoes te zien.

■ **Naast elkaar**   De albumhoes wordt getoond, met daarnaast de titel, de artiest, het jaartal en de classificatie.

■ **Details**   Er wordt geen albumhoes weergegeven, maar in plaats daarvan krijgt u uitgebreidere details te zien.

■ **Uitgebreide tegel<W0>**   De albumhoes wordt getoond, met daarnaast de titel, de artiest, het genre, het jaartal en de nummers. Dubbelklik op een nummer om het direct af te spelen en klik op een van de overige gegevens om een nieuwe selectie te maken op basis van die gegevens. Gebruik de navigatiepijlen **Vorige** en **Volgende** (linksboven) om heen en weer te bladeren.

Let erop dat niet alle weergaven altijd beschikbaar zijn.

Cd's branden

U kunt met WMP zelf verzamel-cd's maken. Daarvoor gaat u als volgt te werk:

1 Klik rechtsboven in het venster van WMP op de tab **Branden**.

Er verschijnt een lege lijst waarin u nummers kunt slepen die u op de cd wilt branden.

2 Sleep de gewenste nummers naar het venster **Lijst voor branden**, rechts in het scherm. Klik op **Lijst wissen** om de lijst te wissen en klik met de rechtermuisknop op een nummer in de lijst voor aanvullende opties, zoals:

■ **Uit lijst verwijderen**   Wist het nummer uit de lijst.

■ **Omhoog**   Verplaatst het nummer naar voren in de lijst.

■ **Omlaag**   Verplaatst het nummer naar achteren in de lijst.

■ Afbeelding 10.9

Stel zelf een verzamel-cd met uw favoriete nummers samen.

3 Klik op **Branden starten** wanneer de lijst naar wens is.

4 Windows vraagt om een lege cd-r in de cd-writer. Plaats deze en wacht tot het branden is voltooid.

Afspeellijsten

Op vergelijkbare wijze maakt u afspeellijsten; dit zijn lijsten met nummers die u graag in een bepaalde volgorde afspeelt. Klik daartoe eerst op de tab **Afspelen** rechtsboven en sleep de gewenste nummers naar het deelvenster rechts, waar nu **Niet-opgeslagen lijst** staat. Is de lijst naar wens, klik dan in het veld **Niet opgeslagen lijst** en voer een naam in. De afspeellijst verschijnt in de structuur en u kunt de afspeellijst starten door er daar op te dubbelklikken. Klik met de rechtermuisknop op een afspeellijst om deze te kunnen verwijderen.

■ Afbeelding 10.10

U maakt snel een of meer eigen afspeellijsten.

Nummers naar een draagbaar apparaat kopiëren

U kunt Windows Media Player gebruiken om muziek naar een mp3-speler of ander draagbaar apparaat te kopiëren. Daartoe maakt u gebruik van de knop **Synchroniseren**, geheel rechts.

1 Klik op de knop **Synchroniseren** in de opdrachtbalk. Sluit desgewenst eerst het draagbare apparaat aan.

2 Sleep de nummers die u wilt kopiëren naar de synchronisatielijst in het deelvenster rechts. Dat kan bijvoorbeeld een heel album zijn, maar ook een bestaande afspeellijst.

3 Sluit het draagbare apparaat op de usb-poort van uw computer aan, mocht dat nog niet zijn gebeurd.

 Verwisselbare schijf

Uw draagbare apparaat wordt door Windows 8.1 gezien als een verwisselbare schijf; daardoor gedraagt het zich als een normale map. U kunt op deze map de normale bestandshandelingen uitvoeren, zoals kopiëren en verwijderen. Wilt u de map handmatig openen dubbelklik dan in de map Computer op de naam van het apparaat.

WMP toont nu de naam en de vrije opslagruimte rechtsboven in het venster.

4 Klik boven in het venster op **Synchronisatie starten**. De bestanden worden gekopieerd. Klik eventueel op **Synchronisatie stoppen** om de synchronisatie te onderbreken.

Na het synchroniseren kunt u het apparaat loskoppelen en van de gekopieerde muziek genieten!

■ **Afbeelding 10.11**
De bestanden worden met het apparaat gesynchroniseerd.

Niet gelukt?

Mocht uw mp3-speler melden dat er geen bestanden kunnen worden afgespeeld, dan kan het zijn dat u bestanden in wma-indeling hebt gekopieerd terwijl uw mp3-speler hier niet mee overweg kan. Er zit dan niets anders op de cd dan opnieuw te rippen, maar nu in mp3-indeling!

■Werken met de multimedia-apps

Windows 8.1 wordt met enkele apps geleverd waarmee u onder andere foto's en muziek weergeeft. En met de app Video kunt u films kijken. We staan er in deze paragraaf even kort bij stil.

Muziek

De app Muziek geeft u eenvoudig toegang tot uw muziekbibliotheek (al dan niet in de cloud), en laat u geripte cd's en anderszins verkregen muziekbestanden afspelen. Ook hebt u via de app toegang tot eventuele afspeellijsten die u in Windows Media Player of iTunes hebt gemaakt.

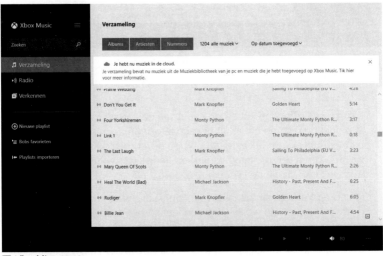

■ **Afbeelding 10.12**
De app Muziek.

In de lijst links selecteert u de invoerbron: uw eigen verzameling, een radiostation of klik om **Verkennen** om de aangeboden songs in Xbox Music te doorzoeken.

Klikt u op **Verzameling**, dan verschijnt uw eigen collectie met muziek.
Klik op **Albums**, **Artiesten** of **Nummers** om een overzicht van albums,
artiesten of nummers op te vragen. Selecteert u bijvoorbeeld een album,
dan ziet u niet alleen een overzicht van de nummers, maar kunt u ook
informatie over de artiest opvragen, het album toevoegen aan een
afspeellijst en – vanzelfsprekend – het album afspelen.

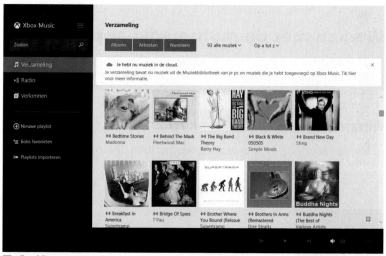

■ **Afbeelding 10.13**

*Een album in de app. Gebruik de besturingen onderin om het afspelen te beïnvloeden. De knop ge-
heel rechts (…) gebruikt u om herhalen of shuffle in te schakelen.*

Klikt u op **Radio**, dan kunt u de naam van een artiest invoeren, en de
app doet de rest: op basis van uw keuze wordt er een set met vergelijkbare nummers voor u klaargezet. Typt u bijvoorbeeld Frans Bauer, dan
wordt u vervolgens ook getrakteerd op liedjes van Volumia, Guus Meeu-
wis, De Dijk, Marianne Weber enzovoort.

Klikt u op **Verkennen**, dan geeft de app u suggesties voor populaire en of
nieuwe artiesten. Zo wordt u op een leuke, speelse manier met nieuwe
en onverwachte muziek in aanraking gebracht.

U vraagt zich natuurlijk af: kan ik zo maar onbeperkt en gratis naar
muziek luisteren via deze app. Helaas is dat niet het geval. Als u de
muziek die de app beschikbaar stelt waardeert, dan kunt u zich abonneren, zodat toegang tot de omvangrijke collectie gegarandeerd blijft. Klik
daartoe rechtsboven op het vakje met de tekst **Blijf gratis luisteren**. U
leest dan dat u per maand 10 uur gratis muziek kunt streamen. Is dat te
weinig, dan kunt u een Xbox Music Pass aanschaffen. Dat gaat als volgt:

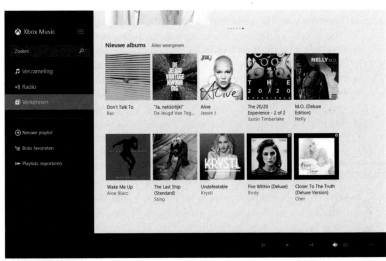

Afbeelding 10.14

Er is veel keuze.

1 Open de charm Instellingen.

2 Klik op **Account**.

3 Klik op **Xbox Music Pass**.

4 Voer uw Microsoft-wachtwoord in.

5 Selecteer de gewenste optie: 1 maand voor 9,99 of 1 jaar voor 99,90.

Handel de betaling af, en u hebt vervolgens toegang tot de miljoenen tracks die Microsoft ter beschikking stelt.

Selecteer een Xbox Music Pass

◉ Muziek Pass voor 1 maand € 9,99

◯ Muziek Pass voor 12 maanden (Beste waar voor je geld) € 99,90

◯ Code inwisselen

Volgende   Annuleren

Afbeelding 10.15

Bepaal hier de duur van uw abonnement.

Tot slot is het nog het vermelden waard dat u songs aan afspeellijsten kunt toevoegen, of die nu uit uw eigen verzameling komen of uit de verzameling van Microsoft. Klik daartoe op de knop met het plusteken en kies een bestaande afspeellijst, of maak een nieuwe aan. Afspeellijsten verschijnen links in het scherm, en wanneer u op de naam van een afspeellijst klikt verschijnen de songs die onderdeel van de lijst uitmaken. Klik op de knop **Afspelen** om de lijst te beluisteren. Uiteraard kunt u zo'n lijst ook in willekeurige volgorde laten afspelen (via de knop geheel rechts onderin).

Foto's en Camera

De app Foto's geeft u snel toegang tot uw foto's, die niet alleen op uw vaste schijf hoeven te staan; ook uw foto's op Facebook en Flickr zijn via de app te bekijken, mits de specifieke accounts aan uw Microsoft-account zijn gekoppeld. Ook foto's op uw SkyDrive kunnen door de app worden getoond: als u op andere apparaten de SkyDrive-app downloadt, kunt u op die manier foto's die op andere apparaten staan bekijken.

Afbeelding 10.16
De app Foto's.

Alhoewel het kopiëren van foto's naar uw computer wellicht op een andere wijze gebeurt, kan dat ook vanuit de app Foto's. Open de appbalk en klik op **Importeren** om dit te doen.

Wanneer u vanuit het hoofdvenster een map met afbeeldingen opent, kan de app deze als diavoorstelling weergeven. Dubbelklik op een willekeurige foto, open de appbalk en klik op **Diavoorstelling**. Breek de voorstelling af door op Esc de drukken. Uiteraard kunt u ook een individuele afbeelding selecteren – dat doet u door er eenmalig op te klikken. U kunt een geselecteerde foto via de appbalk instellen als afbeelding voor het vergrendelingsscherm of als tegel voor de app.

Zelf een fotootje maken?

Start de app Camera en controleer of uw webcam werkt. Is het beeld op het scherm naar wens, klik dan ergens op het scherm om een foto te nemen. U vindt de foto vervolgens terug in de afbeeldingsbibliotheek, submap Camera-album.

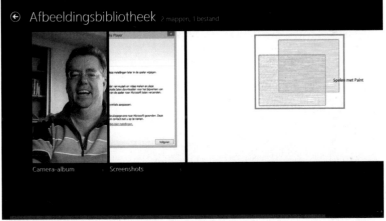

■ **Afbeelding 10.17**
De map Camera-album. Het boek is bijna af, dus er mag gelachen worden!

Video

Tot slot van dit hoofdstuk wijzen we u nog op het bestaan van de app Xbox Video. In tegenstelling tot wat u wellicht verwacht, wordt de app niet gebruikt om dvd's te bekijken, maar om (online) video te bekijken; het is dus een soort videotheek. Betalen doet u via een aan uw Microsoft-account gekoppelde creditcard.

Hebt u films lokaal op uw computer staan, bijvoorbeeld in de map Video's, dan kunt u die ook met deze app afspelen. Kies daartoe in de appbalk de opdracht **Bestand openen** en blader naar de gewenste map.

Index

🐟 Yindo Tip: doorzoek de elektronische versie van dit boek kosteloos op yin.do/6636c.